중세 몸의 역사

UNE HISTOIRE DU CORPS AU MOYEN ÂGE
Copyright 2003, Éditions Liana Levi
Korean Translation Copyright 2009, Icarus Media

All rights reserved.

This edition published by arrangement with Éditions Liana Levi
through Shin Won Agency Co.

이 책의 한국어판 저작권은 신원 에이전시를 통해 저작권자와
독점 계약한 이카루스 미디어가 소유합니다.
신 저작권법에 의하여 한국 내에서 보호를 받는 저작물이므로
무단전제와 무단복제, 전자출판 등을 금합니다.

중세 몸의 역사

UNE HISTOIRE DU CORPS AU MOYEN ÂGE

자크 르 고프·니콜라스 트뤼옹 지음 | 채계병 옮김

차례

| 머리말
- 몸의 모험   009

| 들어가는 말
- 잊혀진 역사   017

1 | 사순절과 사육제 : 서양의 활력

강한 억압   045
- 정액과 피에 대한 금기   048
- 성생활에 대한 극단적 경시   051
- 이론과 실제   056
- 억압의 뿌리들 : 고대 말   059
- 기독교, 대대적인 방향전환의 집행자   062
- 여성, 종속된 사람   066
- 성흔과 채찍질 고행   071
- 기름진 음식과 고기 없는 식사   073

몸의 복수   075
- 버들가지로 만든 용 대(對) 돌로 만든 뱀   073
- 고통과 창조 사이의 일   082
- 눈물의 재능   089
- 웃음을 심각하게 받아들이다   097
- 감시 받은 꿈들   103

2 | 중세 시대의 삶과 죽음

삶의 길 119
- 삶의 시기들　121
- "그들은 동침했을까?"　124
- 마침내 아동의 탄생　129
- 노인의 위신과 악의　134

질병과 의학 136
- 배척되고 선택된 환자　141
- '바람직한 혼합'과 4가지 기질 이론　142
- 형제의 몸　145
- 오줌과 피　148
- 갈레누스라는 가면을 쓰고　148
- 스콜라 의학의 한계　151
- 구호 공동체　154
- 몸의 해부　156

죽은 자와 죽어가는 자들 : 선택받은 자 혹은 고통받는 자들　157
- 죽어가는 자들의 성무 일과서　159
- 죽음의 모습　163

3 | 몸의 문명화

아가리(gula)와 식도락　176
　• 두 가지 음식, 두 가지 문화 : 충돌　177
　• 예의범절　182

몸의 등장　183
　• 옷을 벗을 것인가 아니면 입을 것인가?　184
　• 이브와 마리아 사이의 여성적 아름다움　188
　• 목욕　190
　• 몸짓의 문명화　192

각각의 단계에서의 몸　194
　• 기괴함　195
　• 스포츠?　197

4 | 은유로서의 몸

인간 – 소우주 206
- 심장, 흥분한 몸 207
- 머리, 지도하는 기능 209
- 간, 중요한 패배자 211
- 손, 양면적 도구 212

육체적 은유의 정치적 이용 213
- 머리인가 아니면 심장인가? 214
- 머리에서의 눈처럼 216
- 국가는 하나의 몸이다 217
- 거꾸로 뒤집힌 머리 220
- 발 위에 있는 머리 223
- 왕과 성인 225
- 도시라는 몸 226

| 맺는 말
- 느린 역사 229

- 참고문헌 235
- 도서정보 251
- 찾아보기 263
- 자크 르 고프의 최근 책 270

| 머리말 |

몸의 모험

"오늘날 우리의 재능 때문에 제한된 영역에 머물고 있는 역사는 소심한 시도들에서 탈피해 몸의 모험에 자리를 내어주게 될 것이다."

마르크 블로크 『봉건 사회』(1939)

왜 중세의 몸인가? 몸은 역사가들이 잊고 있는 역사에서 크게 누락되어 있는 것들 중 하나이기 때문이다. 사실상 전통적인 역사는 비현실적인 모습을 띠고 있다. 전통적인 역사는 주로 남자에게 관심을 집중하고 있으며 부수적으로만 여자에게 관심을 보일 뿐이다. 전통적 역사는 거의 언제나 몸이 없는 남자와 여자에 대해서 관심을 보였다. 마치 몸의 생활방식은 시간·공간과는 무관하게 존재하며 인류 역사에서 진보 없이 정체되어 격리되어 있다는 듯이 치부하고 있다. 대개 전통적인 역사는 권력자,

왕과 성인, 전사와 영주 그리고 순간적 원인과 필연성에 따라 재발견하여 이상화하고 때로 신비화하기까지 할 필요가 있는 잃어버린 세계의 다른 위대한 인물들을 묘사하는데 치중하고 있다. 역할이 분명해지도록 단순화된 이러한 인물들에게선 육체가 박탈되어 있다. 그들의 몸은 계승, 성사, 전투, 사건들과 같은 그들의 행위에 대한 상징, 묘사, 그림으로 존재하고 있을 뿐이다. 전통적 역사 속 인물들의 몸은 보편적인 역사를 구획짓고 있다고 생각되는 석비처럼 열거되고 기술되고 제시되고 있는 것이다. 역사적 인물들의 영광이나 쇠퇴에 기여했던 무수히 많은 인간들에 대해선 평민과 민중이라는 명칭만이 그들의 격정과 행동, 악습과 고통의 역사를 이야기하는 데 그치고 있다.

미슐레는 루이 14세의 누관(누도의 한 부분. 위쪽은 코에 가까운 위아래 눈꺼풀에 열려있고, 아래쪽은 비강 속에 열려있어, 눈물을 눈에서 코로 보내는 관-옮긴이)에 중요한 역사적 역할을 부여하면서 예외적으로 논란을 불러일으켰다. 리트레의 제자로 의사이자 실증주의자인 아우구스트 브라쉐 박사의 유전에 기초한 기이한 연구서 『프랑스왕들의 정신 병리학』(1903)은 사료편찬에 영향을 주지 못했다. 역사보다는 이데올로기와 철학으로 더 많이 고려되며 역사 주변에 머물고 있는 마르크스주의만이 사료편찬에 대한 전통적 견해를 뒤집어엎고 싶어 했다. 마르크스주의는 특히 계급투쟁의 개념으로 사료편찬에 대한 전통적 견해을 와해시키고자 했다.

소위 '아날학파'의 역사 운동은 '오랜 지속', 감수성, 물질적인 동시에 정신적인 삶에 자리를 내어줌으로써 세계사, 전체 역사, 인간의 역사를 촉진하고 싶어 했다. 왜냐하면 발터 벤야민의 말처럼 역사가 흔히 승리자들의 관점에서 쓰여 졌다면 역사엔 또한 오랫동안 그들의 몸, 살, 내장, 기쁨과 불행이 빠져있었기 때문이다. 따라서 역사에 몸을 되돌려주어야 할 필요가 있다. 그리고 몸에 역사를 부여할 필요가 있다.

몸은 하나의 역사를 갖고 있기 때문이다. 몸에 대한 견해, 사회에서 몸의 자리, 상상력과 현실에서 존재하는 몸, 일상적인 삶과 예외적인 순간이 존재하는 몸은 역사 속 사회와 함께 변화했다. 고대 그리스-로마 시대의 스포츠와 훈련에서 수도원의 은둔주의와 중세 기사도 정신에 이르기까지 얼마나 많은 변화가 있었던가! 그런데 시간이 흐르는 가운데 변화가 존재하는 바로 그곳에 역사가 존재한다. 이처럼 중세 몸의 역사는 세계사의 본질적인 부분이다.

중세 사회와 문명의 역동성은 긴장에서 비롯된다. 신과 인간, 남자와 여자, 도시와 농촌, 고귀한 자들과 비천한 자들, 부자와 가난한 사람들, 이성과 신앙, 폭력과 평화 사이의 긴장 속에서 중세 사회와 문명은 활력을 얻었다. 하지만 주요 긴장들 중 하나는 육체와 영혼 사이의 긴장이며 훨씬 더 중요한 것은 바로 몸속에서의 긴장이다.

한편으로 몸은 무시되고, 비난받고, 모욕당했다. 기독교 세계에서 구원은 육체적 고행을 통해 얻어진다. 중세 초 그레고리우스 교황★1은 몸을 '고약한 영혼의 의복'이라고 규정했다. 중세 초기 사회에서 인간의 모범이었던 수도사는 육체적 고행을 했다. 거친 천으로 만든 셔츠를 입는 것은 고결한 신앙심의 표시였다. 금욕과 순결은 가장 고귀한 덕목으로 받아들여졌다. 식탐과 음욕은 중대한 죄였다. 창세기에서 오만의 죄이자 인간의 하느님에 대한 도전으로 묘사되고 있는 원죄는 중세에 성적인 죄가 되었다. 재해석된 아담과 이브의 죄로 몸은 많은 것이 박탈된다. 최초의 남자와 여자는 노동과 고통이라는 유죄판결을 받는다. 남자는 육체노동을 해야 했으며 여자는 육체적 고통이 수반되는 출산을 해야 했다. 그들은 또한 자신들의 벗은 몸을 감추어야 했다. 중세는 원죄의 육체적 결과들에서 극단적인 결론을 도출

★1 그레고리우스칠세 七世 Gregorius Ⅶ 1020~1085
   로마 교황(1073~85). 73년 교황으로 선출된 뒤, 교황령 27조를 발표하여 교황의 통치적 전권을 주창하고, 또 성직매매와 사제(司祭)의 결혼 및 평신도에 의한 성직임명을 엄금했다. 그러나 76년 신성로마제국의 황제 하인리히 4세가 행정권을 위협하는 것이라 하여 교황의 폐위를 결의함으로써, 중세사를 장식한 교황서임권(敎皇敍任權) 쟁의의 발단이 되었다. 같은해 그는 황제를 파문하여 퇴위를 명하였으며 하인리히 4세는 북이탈리아의〈카노사(Canossa)의 굴욕〉을 통하여 겨우 파문을 용서받았다. 그에 의한 개혁과 교회행정의 중앙집권화는 오랫동안 중세교회를 지배하였다.

했다.

그렇지만 13세기 대부분의 신학자들은 속세에서 몸의 긍정적 가치를 분명히 했다. 성 보나벤투라[*2]는 아래에서 위로 움직이는 것이 우위에 있다는 명목으로 서 있는 자세가 신을 향하는 영혼의 방향에 일치하기 때문에 우수하다고 강조했다. 그는 또한 천국에서 부활한 후에도 완전한 인간의 본성을 유지하기 위해선 남녀를 구분하는 것이 중요하다고 주장했다. 천국에서 부활한 후에도 남녀를 구분짓는 것은 존재이유를 잃은 생식기능이 아니라 선택된 사람들이 아름답고 완벽해지기 위해서라는 것이다. 더 나아가 성 토마스 아퀴나스에게 육체적 쾌락은 인간의 행복에 필수적이다. 하지만 육체적 쾌락보다 우위에 있는 정신적 쾌락을 위해 인간은 이성에 의해 지배되어야 한다. 지각할 수 있는 열정은 정신적 비약에 활력을 주기 때문이다.[1)]

다른 한편으로 중세 기독교에서 몸은 찬양되었다. 그리스도의 강생이라는 중요한 역사적 사건은 하느님의 아들이 인간의 몸으로 인류의 죄를 대신해 고통을 받은 것이었다. 또한 강생한 하느님인 예수는 죽음을 극복한다. 그리스도의 부활은 종교계

★2 Bonaventura 1221~1274
중세 이탈리아 신학자·철학자. 스콜라철학의 개념적·분석적 방법에 매우 정통한 네오플라토니즘적인 신비주의와 조명설(照明說)의 전성기 스콜라철학의 대표자이고, 아우구스티누스적 신의 사자설(似姿說)이나 디오니소스적 현현설(顯現說)에 의거하여 전세계에서 신의 흔적을 보는 상징주의 사상가이기도 하다.

에서 전대미문의 믿음인 몸의 부활이라는 기독교 교리를 정당화한다. 내세에서 남자와 여자는 몸을 되찾아 지옥에서 고통을 받거나 천국에서 부활한 후 축복을 누리는 몸에 대한 정당한 은총을 향유하게 된다. 천국에선 오감이 행복을 누리게 된다. 눈은 하느님의 모습과 천상의 빛으로 충만하고, 코엔 꽃향기가 가득하며, 귀엔 천사의 합창이 들리고, 혀는 천상의 음식을 맛보고, 극히 섬세한 하늘의 공기를 느낄 수 있게 된다.

중세 성숙기인 "아름다운 13세기"에 상징적인 두 명의 인물이 절정에 달한 기독교 세계의 태도를 자신들의 몸에 구현하고 있다. 한 명은 프랑스 왕인 루이9세(성 루이)이다. 그는 구원받기 위해 신앙심이 최고조에 이르렀을 때 자기 몸을 모욕했다. 또 다른 한 명은 루이 9세의 모델인 성 프란체스코였다. 그는 중세 서구 사회에 만연했던 긴장을 직접 몸으로 체험했다. 금욕주의자인 성 프란체스코는 육체적 고행으로 자신의 몸을 억제했다. 하지만 기쁨과 웃음을 설교한 하느님의 음유시인 성 프란체스코는 '형제와 같은 몸'을 숭배했고 육신으로 고통받는 그리스도와 동일시할 수 있는 표시인 성흔을 받음으로써 자신의 몸에서 보상받았다.

중세 기독교도의 몸은 전반적으로 억압과 찬미, 모욕과 숭배 사이의 긴장, 균형, 동요를 경험하게 된다. 예를 들어 시신은 원죄로 생겨난 죽음의 이미지로 썩어가고 있는 혐오스러운 물질인 동시에 숭배의 대상이다. 도시 외부에서 내부로 옮겨지게 된 묘지에서, 혹은 마을에 있는 교회의 영향을 받아 기독교인의 시신은 장례 제식을 할 때 예찬되었다. 특히 기적을 실행한 성자의 존경할 만한 몸은 그들의 무덤에서 그리고 그들의 성유골을 통해 예찬되었다. 성사는 세례에서 종부성사에 이르기까지 몸을 신성화했다. 기독교 의식의 핵심인 성찬식은 그리스도의 몸과 피다. 성찬식은 일종의 식사다. 천국에 대한 하나의 긴장, 하나의 의문이 중세 신학자들을 자극했으며 그들의 답변과 의견은 대립되었다. 선택받은 자들의 몸은 태초의 순수를 가진 나체로 되돌아가게 될까? 아니면 일시적으로 선택받은 자들의 몸에 새 하얗지만 부끄러움의 흔적을 숨기는 옷을 입히는 신중함을 보일까?

결국 중세 기독교 세계에서 현세의 몸은 통일성이나 갈등, 질서나 무질서 하지만 무엇보다 유기적인 삶과 조화를 상징하는 사회와 제도를 묘사하는 중요한 은유였다. 몸은 또한 몸에 대한 평가절하에 저항했다. 중세 시대에 경기장, 공동 목욕탕, 극장, 고대 원형 경기장이 광장과 낙원의 꿈속에서 사라졌다. 하지만 왁자지껄함과 사육제, 사회적인 인간의 몸은 성직자들의 지속적인 사순절과 평신도들의 일시적인 사순절이라는 금욕주의적 분위기 속에서도 살아 숨쉬며 논의되었다. 이제 역사가들 사이에서 잊혀진 몸에 대한 주제와 이를 보완하고자하는 사람들과 함께 중세 몸의 영역에서 위험을 감수할 필요가 있는 육체적 관습들을 분명히 해 보자.

여기서 말하는 중세 시대는 대개 5세기에서 15세기에 이르는 전통적인 중세시대이다. 자크 르 고프는 본질적으로 18세기말 프랑스 대혁명과 산업혁명까지 지속되는 오랜 중세 시대에 관심을 가질 것을 제안했다. 이는 그가 중세 르네상스로 생각하고 있는 15세기에서 16세기에 이르는 르네상스를 포함하게 된다.

| 들어가는 말 |

잊혀진 역사

몸은 역사와 역사가에게 잊혀졌다. 그런데 몸은 드라마의 배우였으며 여전히 배우이다.

비약적인 방식은 다채로운 담론과 여정, 다양한 역사 연구를 도외시한다. 규칙에 따른 서술은 예외를 무시한다. 왜냐하면 풍속의 문명에 대한 노베르트 엘리아스의 연구, 중세 정신에 대한 마르크 블로크와 루시앙 페브르의 연구나 고전 시대의 광기, 감옥과 병원의 탄생에 대한 미셀 푸코의 연구 이후로 새로운 접근들은 고대 '자아에 대한 배려'에 대한 최근의 성찰로 명확해지고 있기 때문이다. 당시까지 그리고 19세기에 역사적 측면에서 어떤 의심을 품고 '과거의 완전한 재현'에 의해 '시대를 환기하여 회복하고 소생시키길' 원했던 쥘 미슐레라는 주목할만한 인물을 제외하면 몸의 역사는 잊혀져 있었다. 1960년대와 1970년대 성의 역사처럼 몇 가지 유익한 것들 —— 때로 현대적 관점으로 표현되는 사회적 요구에 극도로 종속되어 몸의 역사를 드러내는 것 못지않게 몸의 역사를 숨기게 되는 —— 이 재발견되기는 했지만 옷을 입고, 죽고, 음식을 먹고, 일을 하고, 집에서 살고, 욕망하고, 꿈꾸고, 웃거나 우는 것은 역사적 관심을 가질 만한 대상으로 인정하지 않았다.

오랫동안 역사학에서 몸은 자연에 속하지 문화에 속한 것이 아니라는 생각이 지배하고 있었다. 그런데 몸은 하나의 역사를 갖는다. 몸은 역사의 일부를 이루고 있다. 따라서 몸이 그 산물이자 변화의 원동력인 사회·경제 구조나 정신적 표상으로서 역사를 구성하고 있다.

미슐레[1]*[3]라는 주목할만한 예외적인 인물이 몸의 역사를 복원시키는데 지대한 역할을 했다. 그의 책 『민중』(1837)은 '인간의 삶, 노동, 고통'에 관심을 갖게 했다. 미슐레는 이 책을 쓰게 된 계기였던 개인의 특이한 걸음걸이를 설명하면서 자신의 시

---

*[3] Jules Michelet 1798~1874

프랑스 역사가·작가. 낭만파역사학의 일인자로서 그의 역사서술은 고문서를 비롯한 각종 사료에 의거한 치밀한 실증을 취지로 하면서, 동시에 독일의 J.G.헤르더와 이탈리아의 G.B.비코의 영향을 받아 〈인류 역사란 자유를 행사함으로써 숙명과 싸우는 인간드라마〉라고 간주하는 역사철학으로 일관되어 있다.

도를 구성하기 위해 수집한 세부적인 자료들은 '돌이나 조약돌이 아니라 우리 조상의 유해들'이라고 고백하고 있다. 과거 인간의 몸을 소생시킬 뿐 아니라 전시대에 걸쳐 있는 몸의 중요성에 대한 직관을 계획하고 구현한 역사적 방법의 예로 당시 그는 『마녀』(1862)에서 "중세 정신에 역행해 마녀들이 이루어낸 위대한 혁명적 단계는 우리가 배와 소화기능의 복원이라 부를 수 있게 된 것이다."라고 쓰고 있다. 또한 중세엔 "고귀한 몸의 일부가 존재했으며 분명 고귀하지 않은 천한 또 다른 측면"이 존재했다는 사실에 주목하고 있다.

  미슐레는 우리에게 스콜라 철학이 불모성과 금욕주의를 고집한 반면 "격정적이고 비옥한 실재"인 마녀는 자연, 의학, 몸을 재발견했다고 말하고 있다. 따라서 미슐레는 마녀에게서 또 다른 중세를 보았다. "사탄의 이름으로 자유를 추구하는" 중세가 아니라 고통을 매개로한 과도함 속에서, 전염병을 매개로 한 삶의 충동 속에서 몸이 드러나는 중세를 본 것이다. 민속학자인 잔느 파브레-사다2)는 "사탄에 대해 말하는 것은 사회나 의식(意識)에서 그리고 무엇보다 몸 '이외의 것'에 있는 불안을 말하는 방식이었을 것이라고 지적하고 있다. '치유하고 사랑하고 죽은 자를 되돌아오게 하는' 마녀의 3가지 기능은 몸과 관련이 있다고 선언했을 때 미슐레는 자신의 후계자인 역사가, 민속학자, 민간 전승연구가들보다 훨씬 더 분명하게 마녀의 기능이 몸과 관련이 있다는 사실을 꿰뚫어 보고 있다.

통찰력 있는 자신의 책 『미슐레』(1954)에서 그 자신이 '역사를 앓는' 몸에 의해 시달리는 만큼 롤랑 바르트는 역사 전체에서 몸의 발현, 특히 피에 민감한 이 '역사 포식자'의 이중적인 모습을 강조하고 있다. 롤랑 바르트는 "역사의 포식자인 미슐레는 역사를 '뜯어 먹는다.' 말하자면 그는 역사를 편력하는 동시에 그것을 삼켜버린다. 이러한 이중적 작용을 가장 잘 설명하고 있는 몸짓은 걸음걸이다."라고 설명하고 있다. 역사로 앓는 미슐레는 "그의 몸 전체가 역사의 고유한 창조의 산물이 되었으며 역사가와 역사 사이에 놀라운 공존관계가 확립되었다. 구역질, 현기증, 억압은 계절과 날씨에서만 비롯되는 것이 아니라 구역질, 현기증, 억압을 불러일으키는 것은 서술된 역사에서 비롯된 공포이다. 미슐레는 '역사적' 편두통을 가지고 있었다. 은유적으로 말하고 있는 것이 아니라 그것은 바로 실제적인 편두통과 관련이 있었다. 치통처럼 구체적인 것으로 당장의 질병과 다름없는 1792년 9월 프랑스 혁명 의회의 시작, 공포정치는 바로 치통처럼 직접적인 병들과 다름없다. [……] 역사로 앓는다는 것은 예수가 물고기 두 마리로 수천의 추종자들을 먹였던 성스러운 물고기로서, 역사에 미친 사람으로서, 음식으로서 역사를 구성할 뿐만 아니라 파악된 주제로서 역사를 구성하는 것이다. 다시 말해서 역사적 '편두통'은 역사의 포식자이자 역사의 성직자 그리고 역사의 소유자로서의 미슐레를 정당화할 뿐이다."

역사가 마르크 블로크가 참여하기를 권했던 '몸의 모험'에 자리를 내어준 것은 역사가 사회과학에 접하면서부터였다. 마르셀 모스(1872~1950)는 사회학과 인류학의 융합에서 '몸의 기법'에 관심을 보인 최초의 사람이었다. 1934년 심리학 협회에서 발표할 때 『증여론』의 저자는 자신은 '몸의 기법을 사회마다 전통적인 사람이 자신의 몸을 이용할 수 있는 방식들'로 이해한다[3]고 선언했다. 수영하고, 달리고, 삽질하는 방식과 같은 개인적이고 경험적인 관찰 같은 과학적 고려에서 출발한 마르셀 모스는 '몸의 기법'을 역사와 사회 연구 전체를 가로지르고 있는 '전체 인간 l'homme total'을 분석하는 이상적인 접근으로 만들기에 이르렀다.

"그는 나는 병원에서 일종의 새로운 발견을 하게 되었다고 쓰고 있다. 뉴욕의 병원에 입원해 있을 때 병원의 간호사들처럼 걷는 아가씨들을 전에 어디서 본 적이 있는 것 같았다. 나는 그곳이 어디인지 곰곰이 생각해보았다. 결국 그곳은 영화관이라는 사실을 알게 되었다. 프랑스로 돌아온 나는 특히 파리에서 이러한 걸음걸이를 흔히 볼 수 있었다. 그 아가씨들은 프랑스인이었고 또한 뉴욕의 간호사 아가씨들처럼 걸었다. 사실상 영화 덕분에 미국인들이 걷는 방식이 우리나라에 전해진 것이다. 이것이 내가 일반화할 수 있었던 생각이다. 사람들이 걷는 동안 팔과 손의 위치는 사회적인 특이성을 만들어 내고 있다. 팔과 손의 위치가 거의 전적으로 심리적이라 할 수 있는 내가 모르는 순전히 개인적인 어떤 메커니즘에 따라 결정되는 것은 아니라는 것이다."
여기서 마르셀 모스는 몸의 기법을 '효과가 있는 전통적 행위'로, 그리고 몸을 '인간 최초의 가장 자연스러운 도구'로 이해하고 있다. 우리가 중세 스콜라학파에서 재발견하고 모스가 적절하게 '심리학자' 아리스토텔레스에게서 계승한 용어인 '아비투스 l'habitus' —— 토마스 아퀴나스에 따르면 '습관적인 태도'를 지칭하는 것 —— 라는 개념을 사용할 때 모스는 몸을 지배하는 이 기법들은 "특히 사회, 교육, 관습, 유행, 위신에 따라 다르다."는 사실을 증명하고 있다.

마르셀 모스가 어렴풋이 느끼고 인류학과 사회학에 일반화한 것은 마찬가지로 역사에 적용되었고 역사가에게 보여졌다. 출생, 임신, 생식, 영양섭취, 문질러 닦기, 빨래, 세수……인간의 모든 '몸의 기법들'을 열거하면서 마르셀 모스는 몸이 하나의 역사이며 하나의 역사를 갖고 있다는 사실을 증명하고 있다.

마르셀 모스는 '잠의 기법'에 관해 "누워서 자는 것이 자연스럽다는 개념은 부정확하다."고 쓰고 있다. 그는 특히 서서 자는 마사이족의 방식이나 제1차 세계대전 당시 전쟁터에서 자신이 직접 경험한 선잠을 지적하고 있다. 그는 '휴식의 기법'에 대해 '앉는 방식이 기본적이다.'라고 기록하고 있다. 모스는 심지어 '앉은 인간과 쭈그려 앉은 인간'을 구별하기까지 한다. 그에 따르면 '더 이상 쭈그려 앉을 수 없는' 서구인들은 실제적이고 결정적으로 중요한 자세에 익숙한 다른 인종들에 비해 '우리 인종, 문명과 사회'의 열등성과 불합리성을 보여주는 것이라며 한탄한다. "결국 그는 자신의 청중에게 포옹하고 추는 춤은 근대 문명의 산물이라는 사실을 알 필요가 있다고 말한다. 우리에게 아주 자연스러운 것들이 역사적이라는 사실을 당신들에게 증명하고 있는 것이다." 따라서 몸은 하나의 역사를 갖는다. 그리고 몸의 역사는 마르셀 모스의 강연과 함께 시작했을 것이다. 어쨌든 이 에세이와 관련된 역사 인류학은 마르셀 모스의 강연으로 시작했다.

『마르셀 모스의 작품에 대한 소개』에서 클로드 레비-스트로스는 '인문학' 전체는 에밀 뒤르켕의 후예이며 특히 '각각의 사회가 개인에게 자신의 몸에 대해 엄격히 결정된 사용법을 강요하는 방식'[4]이 연구된 이 텍스트의 '몸의 기법'으로 돌아간다는 사실을 분명하게 지적하고 있다. 그렇지만 레비-스트로스는 계속해서 "사실상 모스가 시급히 필요하다고 강조했던 역사와 특히 전 세계에서 사람들이 자신들의 몸으로 했었고 계속하고 있는 모든 관행을 조사하고 설명할 수 있는 엄청난 작업을 아직 아무도 착수하지 않고 있다. 우리는 인간 산업의 생산물들을 수집하고 있다. 말하자면 기록과 구술된 텍스트들을 모으고 있는 것이다. 하지만 보편적이고 각 개인 재량에 달려있긴 하지만 인간의 몸이란 이 도구가 할 수 있는 아주 많은 다양한 가능성을 늘 부분적이고 제한된 가능성 이외엔 계속해서 무시하고 있다. 인간 몸의 다양한 가능성은 특이한 우리 문화들의 요청으로 복구되고 있다." 몸은 분명 계속해서 잊혀져있었다. 몸의 역사는 끊임없이 다시 제시되어 계획되고 요구되지만 거의 실천되지 않으며 받아들여지지 않는다.

그렇지만 마르셀 모스가 기본적 지적을 한 몇 년 후 몸의 역사에 대한 중요한 공헌 중 하나가 노베르트 엘리아스의 『풍속의 문명화』『서구의 역동성』(1897~1990)과 함께 확산되었다. 이 작품들은 '문명화 과정'[5]에 대한 연구에 바쳐진 같은 작품의 두 가지 측면이었다. 나치즘 하에서 영국으로 망명한 이 독일 사회학자의 작품은 뒤늦게 알려지게 되었다.[6] 이러한 역사 사회학적 시도에서 노베르트 엘리아스는 풍속에 대한 연구와 '몸의 기법'에 대한 연구를 통해 '문명화 과정' —— 요컨대 폭력의 자기 지배 autocontrol와 감정의 내면화에 기초한 ──, 특히 중세와 르네상스 시대의 문명화 과정을 이해하고자 했다.

의학, 철학 그리고 특히 한창 정신분석학 혁명 중이던 바이마르 공화국에서 막스 베버의 사회학을 공부한 노베르트 엘리아스는 역사와 사회학적 주제의 일부로 몸의 기능을 승격시켰다. 그리고 몸에 관한 것은 그게 어떤 것이든 연구 대상이 되었다. 엘리아스가 이미 나치 독일에서 벗어나 있던 1936년과 1937년 사이에 쓰여져 1939년 발간된 『풍속의 문명화』는 많은 연구자들에게 무의미해 보였던 식사할 때의 매너 코를 풀고, 침을 뱉고, 트림을 하고, 배변하고, 소변보고, 성교하고, 세수하는 방식, 허용이나 금지 따위를 중요하게 다루고 있다. 결국 16세기 에라스무스의 예절 입문서를 통해 엘리아스는 소위 자연스럽다는 육체적 기능들은 문화적이고 다시 말해서 역사적이고 사회적이라는 사실을 차례로 보여주고 있다.

"논설이 상세하게 설명하고 있는 자세, 몸짓, 의상, 표정, 모든 외적인 행동은 모두 인간의 표현이다."라고 엘리아스는 쓰고 있다. 노베르트 엘리아스는 전통적으로 몸을 자연으로 환원하는 것 이상으로 기존 문화에서 가치가 없다거나 상스럽다고 판단되는 현상을 연구하는 것에 대한 저항이나 혐오감이 몸의 역사가 나타나는데 그렇게 오래 걸린 이유들 중 하나일 것이라는 사실을 알고 있었다.

"우리가 늘 우리 역사 최초 단계로 되돌아가 의식할 수 있는 것은 아니다'라고 그는 쓰고 있다. 우리는 고지식하게 정직했기 때문에 흔히 우리의 감수성으로는 받아들이기 어려운 인간 행동의 모든 영역에서 진전을 보일 수 없었던 에라스무스와는 다르다. 우리의 감수성으로 받아들이기 어려운 인간의 행동은 바로 우리의 연구 주제가 되는 문제들 중 일부이다."

변화된 제약과 사회적 규범들의 통합. 다시 말해서 부끄러움 거북함 그리고 신중함은 하나의 역사를 갖는다. 그리고 동물적인 것과 유사한 인간의 몸짓들을 억압하고, 내면화하며 개인화하는 것을 목표로 하는 서구의 '문명화 과정'은 문명화 과정의 행위자이자 수용자인 몸을 통해 나타난다. 예를 들어 가래나 침을 뱉도록 마련된 타구, 손수건이나 포크의 발명은 몸의 '기법들'에 대한 사회적 규범화를 보여주고 있다. 점차 몸의 기법들은 통제되고 감춰지고 문명화된다. 다시 말해서 "내면적으로 통합되어 자연스럽게 느껴지는 이러한 감각들은 행위 규범의 형식화를 야기하며 행위 규범의 형식화는 바람직하든 바람직하지 안 든 몸짓들 —— 그 자체가 감각을 만드는데 기여하는 몸짓들 —— 에 대한 합의를 이루게 한다."⁷⁾

노베르트 엘리아스가 '사회 발생'과 '정신 발생'의 근본적 기여에 이르기까지 —— 그는 "사회사는 각 개인 내면의 역사에 반영되어 있다."라고 쓰고 있다. 네덜란드 역사문화학자인 요한 호이징가의 『중세의 가을』(1919)만이 20세기에 몸에 특별한 관심을 가진 역사학에 이르고 있다. '삶의 매운 맛'에 할애된 과학적이면서도 시적인 이 작품에서 증언하고 있듯이 몸에 관심을 보인 역사학에 근접하고 있는 것이다. 이 책에서 호이징가는 독자들에게 "당시 삶이 가졌던 매운 맛과 색깔의 강렬함을 이해하고 싶다면 이러한 감수성, 이러한 감정의 능력, 이러한 눈물에 대한 성향, 이러한 정신적 성찰을 기억하라"[8]고 요구하고 있다.

하지만 역사적 직관이 진정한 관심을 얻어 현실적인 연구 계획으로 전환되기 위해선 루시앙 페브르(1878~1956)와 특히 마르크 블로크(1886~1944) 다시말해서 '아날 학파'의 연구들 기다려야 했다. 1949년 루시앙 페브르가 발표한 미완의 텍스트 『역사를 위한 변명』[9]에서 마르크 블로크는 인간을 장기에서 분리하고 싶어 하지 않았다. 「아날」[10](1929)지 공동창간인은 심지어 "훌륭한 역사가인 그는 전설 속에 나오는 식인귀 같았다. 그는 인간 육체의 냄새를 맡은 곳에 자신의 사냥감이 있다는 사실을 알고 있었다."라고 쓰고 있다. [도구나 기계] 같은 상황의 현저한 특징들, 남 보기에 아주 냉정한 글들과 그것들을 확립한 사람들에게서 완전히 분리된 제도들 이면에서 역사가 이해하고 싶어 하는 것은 사람들이기 때문이다." 마르크 블로크는 저작 전체에서 인간에게서 감각과 몸을 분리하려 하지 않았다. 그런데 "인간 속엔 본성이, 사회 속엔 인간이 항구적인 토대로 존재하고 있으며 그렇지 않다면 인간과 사회라는 명칭조차 의미가 없다. 하지만 그는 계속해서 인간은 또한 정신과 분명 몸의 가장 미묘한 메커니즘에 이르기까지 많은 변화를 했다. 적어도 위생, 영양 섭취 같은 인간의 정신적 환경은 극히 변화했다."고 인정할 수밖에 없다.

첫 번째 책 『기적을 행하는 왕들』(1924)에서 『역사를 위한 변명』에 이르기까지 마르크 블로크는 끊임없이 '몸의 기법들'에 대한 자신의 역사적 감수성을 드러냈다. 그의 첫 번째 책 『기적을 행하는 왕들』은 역사가들이 프랑스와 영국의 왕들이 단순히 손을 댐으로써 기적적으로 나력(한방에서 림프샘에 생기는 만성 종창을 이르는 말 – 옮긴이)을 치료했던 것을 연구한 역사·정치인류학의 토대로 정신과 몸, 의식(儀式)과 몸짓에 대한 역사의 진원지였다. 또한 마르크 블로크는 『중세사회』[1]에서 "오늘날 우리의 재능 때문에 제한된 영역에 머물고 있는 역사는 소심한 시도들에서 탈피해 몸의 모험에 자리를 내어주게 될 것이다."라고 주장하고 있다. 이러한 프로젝트를 전개하지도 못하고 1944년 독일군들에게 총살당한 마르크 블로크는 몸의 모험을 우리가 따라가야

할 많은 발자취들 중 하나로 남겨두었다.

한나 아렌트의 소중한 표현을 빌자면 우연이든 필연이든 '어두운 시대에 빠져든' 많은 지식인들은 몸에 특별한 지위를 부여했던 것처럼 보인다. 미국으로 망명후 "인간이 왜 진정한 인간적 조건에 참여하는 대신 새로운 형태의 야만에 빠지고 있는지" 이해하고자 했던 철학자이자 사회학자인 막스 호르크하이머와 테어도르 비젠그룬트 아도르노 역시 자신들의 '스케치와 구상들' 들 중 하나에서 서구 역사에서 '몸의 중요성'에 대해 강조하고 싶어했다.

1944년 『계몽의 변증법』[12]에서 프랑크푸르트 사회 연구소(1923~1950)의 두 명의 대표자에게 "유럽은 두 개의 역사를 갖고 있다. 하나는 잘 알려져 기록되어 있으며 다른 하나는 감추어져 있다. 감추어진 역사는 문명에 의해 억압받고 왜곡된 인간의 본능과 정열의 운명으로 이루어져 있다."라고 쓰고 있다. 나치의 공포를 척도로 서구 문화 전체를 다시 읽는데 전념한 '프랑크푸르트 학파'의 설립자들에게 "숨겨진 모든 것이 백일하에 드러난 현실의 파시스트 체제는 사실로 입증된 역사와 감추어진 얼굴 사이의 관계를 드러내고 있다. 감추어진 측면은 민족주의 국가를 비판하는 진보주의자들과 민족주의 국가의 공식적 신화 속에서 모두 등한시되었다." 결과적으로 몸의 역사는 서구 문명에서 잊혀지게 되었다.

마르크시즘과 프로이디즘의 중간 길에서 호르크하이머와 아도르노는 "착취당한 몸은 열등한 것으로 악을 나타내고 다른 사람들이 모든 시간을 할애했던 정신은 최고의 선을 나타내게 되었다."고 생각했다. "덕분에 유럽은 가장 숭고한 문화를 창조할 수 있었다. 하지만 처음부터 명백한 이러한 기만의 전조가 몸에 대한 통제와 동시에 수세기에 걸쳐 대중의 생각에 스며든 몸에 대한 사랑과 증오를 강화해 루터의 언어에서 그 진정한 표현을 발견했다."

노베르트 엘리아스에게 '문명화 과정'의 장소, 핵심, 동인으로 오랫동안 억압되었던 몸은 호르크하이머와 아도르노에 의해 야만의 과정인 복수의 법정으로 인식되었다. "인간이 자신의 고유한 몸을 비방하는 가운데 자연은 인간이 자연을 지배 대상, 있는 그대로의 물질 상태로 환원하는 것에 대해 복수했다. 잔혹하게 존재하며 파괴하려는 욕구는 몸과 정신 사이에 있는 긴밀한 모든 관계에 대한 본질적인 억압에서 비롯되었다."

미셸 푸코(1926~1984)가 '권력의 원자 물리학'에 몸을 통합하게 한 것은 서구 합리성에 의문을 제기하고 비판했던 것과 같은 의지였다. 『고전시대 광기의 역사』(1961)에서 『의학의 탄생』(1963) 그리고 『성의 역사』와 특히 '감옥의 탄생'에 대한 걸작인

『감시와 처벌』(1975)에 이르기까지 미셸 푸코는 "몸이 직접 정치 영역에 속하게 된"[13] 방식에 의문을 제기했다. 푸코는 "권력관계는 몸에 직접적인 지배를 수행한다. 말하자면 권력관계는 몸을 둘러싸고, 몸에 흔적을 남기고, 몸을 길들이고, 몸에 고통을 주고, 몸에 노동을 강요하고, 몸에 지나친 예절을 의무지으며, 몸에 몸짓을 요구"한다고 쓰고 있다.

18세기 후반기에 이르기까지 확대된 형벌의 정치 의식(意識)에서 유럽이 감옥으로 뒤덮일 때 형벌체제 개혁에 적용된 '사회적 정형술'에 이르기까지, 또한 몸에 대한 권력인 '몸에 대한 지식'은 처벌 보다는 감시, 육체에 고통을 주기보다는 길들이는 것에 더 많은 것을 제시하게 되는 사회 운동을 수반하고 있다. 마르셀 모스를 떠올리게 하는 말로 미셸 푸코는 강제적 제도들만으로 축소할 수 없는 '몸에 대한 정치적 기술'이 유럽에서 확산되어 확립되게 되었다는 사실을 증명하고 있다. 그는 "정치적 몸의 역사에서 처벌 기법 ── 처벌 기법은 체벌의 의식에서 몸을 지배하거나 영혼에 관계되는 ── 을 제자리에 다시 되돌려 놓을 필요가 있다"라고 쓰고 있다.

프랑크푸르트 학파의 이론가들은 유럽의 '숨겨진 역사'를 특히 매력의 대상이자 반감의 대상인 몸의 역사를 통해 드러내려 한 반면 미셸 푸코는 『앎의 의지』에서 다음과 같이 쓰고 있다.

'생체 권력 bio-pouvoir', 말하자면 "이후로 가장 고귀한 기능은 더 이상 죽이는 것이 아니라 조금씩 삶을 부여하는" 권력 내부에서 몸의 위치를 검토하고 있다. 1984년 사망할 때 미셸 푸코는 『쾌락의 활용』 『자기 배려』와 함께 『성의 역사』 1권에서 예기치 않았던 속편을 제시했다. 이 곳에선 특히 몸에 대한 장이 실려 있다. 미셸 푸코는 이 장에서 고대 의학에서 출발한 몸의 개념과 실제를 분석 —— 영혼의 질병에 대한 자키 피뇨 책에 대한 설명[14]에서 —— 하고 있다. 하지만 푸코는 결론을 이끌어내고 있으며 여기서 아주 분명하게 이 페이지를 인용하는 것이 바람직하다. "일반적으로 기독교 도덕과 나중에 중세적 사고방식에서 찾아 볼 수 있는 가르침 및 식이요법적 권고 간에는 비슷한 점이 무수히 많다. 즉 결핍을 목표로 한 엄격한 절약의 행동 원칙, 무절제한 관능적 행동으로 일어날 수 있는 개인적 불행이나 집단적인 악에 대한 강박관념, 욕망에 대한 엄격한 제어의 필요성, 이미지에 대한 투쟁의 필요성 그리고 성 관계를 목적으로 한 쾌락을 폐기할 필요성 등이 그것이다. 기독교 도덕과 나중에 중세적 사고에서 찾아 볼 수 있는 가르침 및 식이요법적 권고 간의 유사성들이 막연히 닮은 것은 아니다. 연속성들을 찾아 볼 수 있다. 어떤 것들은 간접적이고 철학 학설의 중계를 통해 받아들여진다. 다시 말해서 목적이 되어서는 안 되는 쾌락의 규칙은 분명

의학보다는 철학을 통해 기독교에 전달되었다. 하지만 직접적인 연속성도 존재한다. 순결에 대한 성 바실리우스의 논설 —— 게다가 그 저자는 의사였던 것으로 알려지고 있다 —— 은 분명 의학적인 고려들에 대해 언급하고 있다. 성 아우구스티누스는 배교자 율리아누스와의 논쟁에서 소라누스*4를 이용했다. [……] 공통된 특성만을 기억하는 사람들은 기독교나 심지어 근대 서구적 특성이라 생각하는 성윤리가 이미 그리스-로마 문화가 정점에 달했던 시기에 적어도 어떤 본질적 원칙으로 자리 잡고 있었다는 인상을 받을 수 있다. 하지만 이는 자아와 따라서 주체가 스스로를 만드는 경험 속에서 이러한 가르침들의 통합 형태에 대한 관계 유형과 관련된 근본적 차이들을 무시하는 것이 될 것이다."

   미셸 푸코는 여기서 우리가 분석하기를 제안하고 있는 문제의 핵심에 닿아 있다. 바로 고대와 원시 기독교 간의 연속성을 보여주면서 푸코는 중세 유럽에서 그리스 로마 시대의 몸의 윤리를 강요한 국가 종교로부터 몸 —— 여기서는 성 —— 의 윤리를 분리하는 새로움과 차이에 대해 강조하고 있다.

★4   Soranus, ?~?
     AD 2세기경의 그리스 의사. 진단법을 확립하였으며, 당시에 이미 시진(視診)·촉진·청진의 3법을 구분하여 놓았다. 급성 및 만성 질병론과 부인과의학의 저술이 있다.

더 오래전에 거론되었던 저자의 비판이나 흔적에서 마르크 블로크가 말한 것처럼 '식인귀 역사가들'로 인간 육체의 냄새를 맡았던 역사가들을 여기서 모두 언급할 수는 없다. 그들 중 상당수는 이 여정에 동반할 것이며 중세 '몸의 모험'에 참여하게 될 것이다. 그들 중 논쟁의 여지는 있지만 우리가 중세 몸의 은유들을 분석하는 것과 관련되었을 때 언급하고 있는 중세 신학 연구의 기념비가 된 『왕의 두 개의 몸』(1957)을 저술한 에른스트 H. 칸토로비츠(1895~1975), 『프랑수아 라블레의 작품과 중세 르네상스의 민중 문화』로 사육제와 사순절 사이의 대립에 대한 이 저작의 방향을 결정지었으며 공공장소에서의 웃음과 희극의 탄생에 대한 정확한 분석을 제공한 미하일 바흐친(1895~1975), 봉건주의와 여성들을 보여주는 데 더할 나위 없이 기여했으며(『기사, 여성 그리고 성직자』1981, 『12세기의 여인들』1995~1996) 예를 들어 서구 중세에 여성의 몸의 위치에 대한 우리의 성찰을 풍부하게 해주었던 『중세 남자』를 저술한 조르주 뒤비(1919~1996) 등은 언급할 필요가 있다. 더 최근 사람으로 폴 베인느와 피터 브라운은 고대말과 로마 사회에 그 특징을 부여한 '육체적 금욕'에 끊임없이 비판적인 협력을 해주었다.

사회학 —— 특히 몸을 '개체화의 요소'[15]로 보았던 에밀 뒤르켕의 ——, 인류학 —— 모리스 고들리에와 미셸 파노프는 최근 어떻게 '인간 몸의 산물'[16]로 사회가 생겨나게 되는가를 이해하고자 했다 ──, 끊임없이 몸과 영혼 간의 관계에 의문을 제기했던 플라톤에서 스피노자, 디드로에서 메를로 퐁티에 이르는 철학은 역사 연구가 무시할 수 없는 학문들이다. 무엇보다 미셸 드 세르토(1925~1986)의 작품이 입증[17]하고 있듯이 역사가 몸의 전환점을 실현할 수 있도록 꿈에서 욕망, 히스테리에서 쾌락에 이르기까지 몸을 설명하는 데 많은 관심을 가졌던 만큼 정신분석학도 배제할 수는 없다. 이러한 목록과 여러 분야에서의 기여는 미셸 푸코가 "역사가들은 오래전에 몸의 역사에 착수했다."고 쓰고 있듯이 출발점에 대한 주장을 상대화하고 있다.

하지만 여러 분야의 기여와 공헌에도 불구하고 계속해서 잊혀진 몸의 역사를 복원하는 것 다시 말해서 중세 몸에 대해 설명하는 것이 문제이다. 왜 중세인가? 무엇보다 미셸 푸코, 폴 베인느, 알린느 루셀과 피터 브라운이 잘 보여주고 있듯이 4세기와 5세기 기독교의 승리로부터 심지어 고대가 끝나갈 무렵 중세 이전의 로마 제국에서 나타난 몸과 성에 대한 새로운 태도는 몸의 개념과 관습에서 혁명이나 다름없는 변화를 가져왔기 때문이다. 게다가 중세는 다른 어떤 시대보다 ── 15세기 말 중세가 끝나긴 했지만 ── 도 더 현재의 우리의 모태로 보이기 때문이다.

우리의 많은 사고방식과 행동은 중세에 수태되었다. 두 가지

중대한 전환점이 19세기(스포츠의 재출현과 함께)와 20세기(성의 영역에서)에 일어나긴 했지만 몸에 대한 태도는 이처럼 중세에 수태되었다. 찬양받는 동시에 억압되고, 강화되는 동시에 억제되며, 몸의 문제로 뒤흔들렸던 기독교가 우리의 집단 정체성의 근본적 요소로 자리 잡은 시기는 사실상 중세였다.

일반적으로 국가와 '근대' 도시가 형성되기 시작한 시기는 중세였다. 몸은 국가와 도시의 가장 함축성있는 은유들 중 하나가 되었으며 국가와 도시의 제도들은 몸을 모델로 하게 되었다. 중세 몸의 중요성에 대해 더 심도 깊게 살펴보기 전에 다시 한 번 중세가 암흑시대나 정체된 오랜 이행기가 아니었다는 사실을 상기할 필요가 있다. 중세에 결정적인 기술적 진보가 이루어졌다. 특히 베이오 장식 융단에서 볼 수 있는 새로운 쟁기, 3년 윤작이나 쇠스랑은 근대 농업의 시작을 특징짓고 있다. 물레방아는 물론 서구 최초의 기계지만 주요 에너지원은 여전히 더 효과적이고 생산적인 인간의 몸이었다. 수공업 혁명은 산업의 탄생과 비슷했다. 다시 말해서 베틀이 완성되고 섬유산업이 발전했으며 건축업이 확대되었고 최초의 광산이 나타났다.

문화적인 면에서 생산(소비만이 아닌)의 중심, 사회적 분화(부르주아의 몸은 장인이나 노동자의 몸이 아니다)의 중심, 정치(도시인들은 하나의 집단을 형성한다)의 중심, 몸이 시골(중세는 육체노동을 하는 농민이 인구의

90%를 구성하고 있는 사회였다)에서와 근본적으로 같은 일을 담당하는 것이 아니라 손의 다른 행위인 글쓰기를 발달시키는 문화의 중심인 새로운 도시 구조와 도시의 비약적 발전이 시작된 시기는 중세였다.[18] 이교도와 신성모독으로 금지된 연극은 먼저 부활절극, 예수 수난과 예수의 부활, 요한 계시록의 영향으로 적그리스도에 의해 학살당한 몸과 최후의 심판을 기다리면서 구제받은 기아, 페스트, 전쟁이라는 세 명의 기수들에 대한 환기 같은 종교적 주제를 둘러싸고 수도원과 교회들에서 다시 나타났다. 하지만 연극은 특히 13세기부터 도시에서 다시 나타났다. 이처럼 프랑스 북부도시인 아라스는 중세 아비뇽 축제의 이미지를 연상시키는 연극 '활동들'을 계승했다. 15세기 성당 앞에서 '종교의식 mystères'은 성스러운 이야기를 육체적 볼거리가 되게 했다. 러시아 비평가인 미하일 바흐친은 어느 정도 과장되긴 했지만 도시의 공공장소들을 농담과 즉흥적인 익살극이 펼쳐지고 웃음이 다시 나타난 장소로 여겼다.

암흑시대도 황금시대도 아닌 여명기의 중세는 순교하여 찬양받는 그리스도의 몸을 둘러싸고 창출되었다. 중세는 새로운 영웅들과 성인들을 창조했으며 무엇보다 그들은 육체적 고통을 당한 사람들이었다. 하지만 또한 중세엔 종교재판과 함께 13세기부터 고문이 합법적인 관습이 되었다. 고문은 고대처럼 노예들에게만이 아니라 이단 혐의가 있는 모든 사람들에게 가해졌다.

왜 중세의 몸인가? 몸은 서구 역동성의 일반적인 긴장들 중 하나가 전개되었던 중요한 장소였기 때문이다. 물론 몸에 부여된 중심적 지위는 서구에서 새로운 현상은 아니었다. 예를 들어 고대 그리스에서 몸은 숭배의 대상이었던 사실을 상기할 필요가 있다. 고대 그리스에서 몸의 단련이나 미화는 중세 기사들이 전쟁이나 시합에서 행했던 연마나 농민들의 활동을 훨씬 뛰어넘는 것이었다. 일반적으로 고대에 몸에 대한 예찬이나 미화를 중세땐 억제하거나 배제하면서 육체적 활동이 급격히 사라지긴 했지만 역설적으로 몸은 중세 사회의 중심이 되었다.

서구 중세 몸짓에 대한 위대한 역사가인 장-클로드 슈미트가 시사하고 있듯이 "몸의 문제는 5세기부터 중세 유럽의 이데올로기적 측면과 제도적 측면 전체를 풍부하게 했다."[19]고 주장할 필요가 있다. 한편으로 국교가 된 기독교 이데올로기는 몸을 억압했으며 다른 한편으로 하느님이 그리스도의 몸으로 강생하면서 인간의 몸을 '성령의 성막'이 되게 했다. 한편으로 성직자는 육체적 활동을 억압했으며 다른 한편으로 육체적 활동을 찬양했다. 한편으로 사순절이 중세인들의 일상적인 삶을 지배했고 다른 한편으로 사육제가 사순절의 과도함을 완화했다. 성, 노동,

꿈, 의상, 전쟁, 몸짓, 웃음 등 육체는 중세 시대에 논쟁의 원천이었으며 이 논쟁들 중 일부는 현대에 들어 재개되기도 했다.

따라서 몸의 문제에 관심을 가진 소위 아날이라는 역사 학파의 유일한 설립자이자 대표자가 중세시대를 연구한 역사가라는 사실은 마르크 블로크가 현대 세계의 혼란에 가장 민감한 지식인들 중 한명인 것과 마찬가지로 분명 우연은 아니다. '몸의 모험들에 길을 열어주고자 하는' 신중한 시도인 이 에세이는 마르크 블로크의 영향을 받고 있다. 이 에세이는 마르크 블로크가 "현재에 대한 이해부족이 필연적으로 과거에 대한 무지에서 비롯된 것이라도 여전히 현재를 통해 과거를 이해해야 하는 것은 진실이다."라고 공언하게 한 방법론적 윤리적 가르침을 통해 그의 흔적을 간직하고 있다.

몸은 오늘날 새로운 시대로의 변화에서 중심에 있기 때문이다. 유전학적 창조론에서 세균 무기에 이르기까지, 현대적 전염병의 치유와 공략에서 새로운 형태의 노동 지배에 이르기까지, 이상적인 인체 비율에 대한 예찬에서 인간 폭탄에 이르기까지, 성해방에서 새로운 소외에 이르기까지, 중세 시대 몸의 역사를 통한 우회적인 수단은 축소할 수 없는 불일치에 의한 것과 마찬가지로 그 놀라운 일치에 의해서도 우리 시대를 조금 더 잘 이해할 수 있게 해 줄 것이다.

1
사순절과 사육제 : 서구의 활력

다시 말하지만 중세 시대에 몸은 역설의 장소였다. 한편으로 기독교는 끊임없이 몸을 억압했다. 그레고리우스 교황은 "몸은 영혼의 끔찍스러운 의복이다."라고 말했다. 다른 한편으로 몸은 특히 그리스도의 신비한 몸인 교회에서 신성시되는 그리스도의 고통받는 몸을 통해 찬양되었다. 바울은 "몸은 성령의 성막이다."라고 말했다. 기독교적 인간은 그리스도의 강생 못지않게 원죄 —— 중세 시대에 성적인 죄로 변화된 —— 에 기초하고 있다. 다시 말해서 그리스도는 원죄를 지닌 인간을 구원하기 위해 인간의 몸으로 이 땅에 온 것이다. 대중적 관습에서 몸은 육체에 적대적인 제도화된 기독교 이데올로기에 의해 억제되었지만 기독교의 억압에 저항했다.

중세 시대 인간의 일상적인 삶은 사순절과 사육제 사이에서 동요했으며 피터 브뤼겔이 1599년 유명한 그림 〈사순절과 사육제의 투쟁〉으로 영원히 전해지게 된 투쟁이었다. 한편으론 고기 없는 식사, 다른 한편으론 기름진 음식. 한편으론 금식과 단식. 다른 한편으론 푸짐한 식사와 식도락. 몸이 중세 시대의 상상력과 현실에서 차지하는 중심적인 위치에서 분명 균형이 유지되었다.

셋으로 나뉘어진 중세 사회를 구성하고 있는 3가지 계급 오라토르 oratores(기도하는 사람들), 벨라토르 bellatores(싸우는 사람들), 라보라토르 laboratores(노동하는 사람들)는 부분적으로 그들의 몸에 대한 관계에 따라 정의되었다. 팔다리가 절단되거나 불구가 되어서는 안 되는 몸, 호전적 용맹성으로 귀족이 된 전사의 몸, 노동으로 압도되는 노동자의 몸이 그것이다. 영혼과 몸 사이의 관계는 적대적이 아니라 변증법적이고 역동적이다.

영혼을 철저하게 몸에서 분리한 것은 중세 시대가 아니라 바로 17세기 고전주의 이성이었다는 사실을 기억할 필요가 있다. 영혼이 몸보다 먼저 존재 —— 창세기(185~252절)같은 기독교 금욕주의자들의 '몸에 대한 멸시'를 북돋은 철학 —— 하지만 마찬가지로 "영혼은 몸의 형상"이라는 아리스토텔레스의 주장에 영향을 받은 플라톤의 견해를 받아들인 중세 시대는 "각각의 인간은 물질적으로 창조되어 죽을 수밖에 없는 몸과 비물질적으로 창조되어 불멸하게 될 영혼으로 구성되어 있다."[1]고 이해했다. 몸과 영혼은 분리될 수 없다. 장-클로드 슈미트는 "몸은 외부(foris)이고 영혼은 내부(intus)로 그것은 작용과 신호의 조직망으로 연결된다."고 요약하고 있다.[2] 원죄와 악의 매개자인 몸은 영혼을 구원하기도 한다. 성경엔 "말씀은 육신이 되었다."고 말하고 있다. 인간처럼 예수는 고통을 당한다.

하지만 다른 무엇보다도 중세 시대라는 명칭에 걸 맞는 것[3]은 몸에 대한 강한 억압이었다.

· 강한 억압 ·

몸에 가장 밀접한 환희처럼 아주 공공연하게 사회적으로 드러내는 것은 철저하게 억압되었다. 그리스와 로마에서 계승된 연극처럼 공동목욕탕과 스포츠는 중세 시대에 모습을 감추었다. 시합이 벌어졌던 원형 경기장인 앙피테아트르 amphithéâtre는 대학에서 신학 정신을 논하는 계단 강당의 의미로 변화했다. 여성은 악마로 통용되었고 성은 통제되었으며 육체노동은 경시되었다. 동성애는 먼저 비난받았고 이어 묵인되었으며 결국 금지되었다. 웃음과 몸짓 그리고 가면, 화장품, 변장은 비난받았고 색욕과 식탐은 동일시되었으며……몸은 영혼의 감옥이자 영혼의 독으로 받아들여졌다. 따라서 언뜻 보기에 고대 몸에 대한 숭배는 중세 사회생활에서 몸의 급격한 종말로 대체되고 있었다.

군주제의 성립과 함께 몸에 대한 철저한 개념적 억압을 도입하고 조장한 사람들은 초기 기독교 교회의 교부들이었다. 교회에 대한 교부들의 영향력으로 '금욕주의적 이상'이 기독교를 지배하며 수도원 사회의 기반이 되었다. 수도원 사회는 중세 초 기독교적 삶의 이상주의적 모델로 인정받고자 했다. 베네딕트회는 금욕주의를 "원래대로 정신적 자유를 회복해 주께로 되돌아가는 도구"로 받아들였다. 즉 "금욕주의는 몸의 절대적 권력과 속박에서 영혼을 해방시킨다." 금욕주의는 근본적인 두 가지 측면을 갖고 있었다. 즉 "쾌락의 포기와 유혹에 대한 투쟁이었다."[4]

동양과 사막의 교부들에게서 비롯된 베네딕트 수도사들의 금욕주의는 몸에 대한 가혹한 대우를 완화시켰다. 사람들은 베네딕트 수도사들의 금욕주의에서 디스크레티오discretio라는 모토 말하자면 절제를 재발견했다. 봉건제의 성립에 직면한 11

세기와 12세기 초 특히 이탈리아에서 수도원 개혁은 쾌락, 무엇보다 육체적 쾌락의 억압을 완화했다. 속세에 대한 멸시 —— 수도원 정신의 모토 —— 는 본질적으로 몸에 대한 멸시였다. 개혁은 음식분야에서의 금욕과 내핍(금식과 일부 음식의 금지) 그리고 자발적인 고통의 강제를 완화했다. 신앙심이 깊은 속인들(이는 13세기 프랑스 국왕 루이 9세의 경우다.)은 금욕주의자들이 스스로 거친 천으로 만든 셔츠를 입고, 채찍질을 하고, 밤샘을 하고, 땅에서 잠을 자는 것과 유사한 육체적 고행을 따랐다.

12세기부터 신앙심에서 그리스도를 모방하는 추이는 속인들에게 그리스도의 수난을 연상하게 하는 관행을 받아들이게 했다. 고통 받는 하느님의 숭배자인 루이 9세는 고통 받는 왕인 그리스도 왕이었다.

그리스도의 수난을 연상하게 하는 관행은 속인과 특히 회개자 평신도회의 제안으로 표면화되었다. 1260년 페루스의 평신도들은 참여자들이 공개적으로 스스로 채찍질을 하며 행진하는 속죄 행렬을 조직했다. 이 행사는 엄청난 성공을 거두었고 중부와 북부 이탈리아로 확산되었다. 교회는 신도들이 음식에 대한 제약을 따르는 시기를 확대하면서 교회의 통제를 유지했다. 13세기부터 음식 일정표엔 일주일에 3번 육식을 금지하고, 사순절과 크리마스 전 4주간을 포함하는 대림절 그리고 4계 대재일, 축제 전야와 금요일의 금식을 포함시켰다. 몸짓에 대한 통제를 통해 교회는 공간에서의 몸과 금지 달력을 통해 시간에서의 몸에 대한 질서유지를 강제했다.

정액과 피에 대한 금기

몸의 액체인 정액과 피에 대한 혐오감이 구체화되는 것은 적어도 서구에서 기독교라는 공식적 종교와 새로운 질서가 확립되어가고 있던 시대의 여명기부터였다. '전사들의 세계'는 사실상 피를 배척했다. 중세 사회는 이러한 관점에서 역설적인 사회였다. 어떤 의미에서 중세 시대가 피를 발견했다고 주장할 수도 있다. 롤랑 바르트는 『미슐레』[5]에서 논란의 여지가 많은 다음과 같은 결정적인 문제를 강조했다. "그는 세기 전체가 피의 재난 속에서 무너졌다고 쓰고 있다. 13세기는 나병으로, 14세기는 흑사병으로."

중세 시대에 피는 두 개의 사회 최고 계급인 오라토르 oratores와 벨라토르 bellatores 간의 관계에 대한 시금석이다. 성직자들인 오라토르와 계속해서 경쟁하며 갈등하게 되는 전사인 벨라토르의 특징은 피를 흘리는 것이다. 금기가 늘 존중된 것은 아니었지만 교리의 수호자인 수도사들은 싸우지 말아야 했다. 따라서 오라토르와 벨라토르 간의 사회적 차별은 금기를 둘러싸고 행해졌다. 사회적, 전략적, 정치적 이유이기는 했지만 신학적 이유에서이기도 했다. 신약성서에서 그리스도는 피를 흘려서는 안 된다고 말하고 있기 때문이다.

이는 기독교 관행이 그리스도라는 성스럽지만 피를 흘리는 희생자의 희생에 기초하고 있기 때문에 모순이자 역설이다. 게다가 성찬식은 끊임없이 이러한 희생을 되풀이하고 있다. 예수는 최후의 만찬에서 제자들에게 "이것은 나의 몸이요, 이것은 나의 피라"라고 말하고 있다. 기독교의 근본적 예배의식, 미사와 성찬식은 부분적으로 피의 희생이었다. 따라서 피는 사회적 위계질서의 초석이 되었다. 사회집단의 항구적이고 동질적인 단 하나의 요소를 구성하는 이러한 생각이 성직자와 평신도들 사이 그리고 귀족들이 점차 이러한 새로운 개념을 받아들였기 때문에 속인들 사이에서도 받아들여졌다. 아주 초기 중세 시대부터 교송성가가 나타났다. 다시 말해서 "인간은 고귀한 피에서 태어난다."[6] 그렇지만 귀족에게 혈족관계를 규정하는 피는 뒤늦게 나타난다. 14세기에 들어서야 왕의 직계 후손들이 "혈연에 따른 왕자들"로 불리게 된다. 유태인과 반대로 '순수 혈통'이라는 개념이 15세기말 에스파니아에서 나타났다.

하지만 피에 대한 금기는 지속되었다. 중세 시대에 여성이 상대적으로 열등한 상황에 놓였던 무수한 이유들 중 하나는 여성의 월경 탓으로 돌릴 수 있을 것이다. 반면 아니타 귀네노-야라베"는 중세 신학은 지배받는 여성들에게 가한 구약 성서의 금기를 계승하지는 않았다고 쓰고 있다. 여성의 월경 기간 동안 성관계를 한 부부가 범한 교회의 금기 위반은 결과적으로 오늘날 가장 일반적인 설명이 되어 버린 '세기의 질병'인 나병에 걸린 아이를 낳게 한다. 정액도 역시 오점이었다. 육체에 대한 평가 절하는 12세기부터 피의 금기에 성을 결부시킴으로써 절정에 이르게 된다.

중세 기독교는 오점과 관련된 죄를 중시했다. 정신적인 것이 육체적인 것에 대해 승리한다. 그리스도의 순수한 피는 인간의 불순한 피와 별개로 받아들여졌다. 사람들은 천사와 막달라 마리아가 십자가 밑에서 받은 그리스도의 피를 고귀한 피 Precieux Sang라고 불렀고 브뤼쥐 Bruges와 특히 망투 Mantoue의 예를 따라 중세 시대에 무수히 많은 교회들이 그리스도의 피에 대한 소유권을 주장했다. 성배에 대한 기사도 문학 주제의 성공으로 성혈에 대한 숭배가 시작되었다. 그렇지만 중세 서구에서 혈연적 동포애는 존재하지 않았다.

성생활에 대한 극단적 경시

자크 로시오드[8]가 상기시키고 있듯이 물론 역사가들이 기초 자료로 삼고 있는 문서들은 글을 쓰고 묘사하고 비난할 수 있는 능력을 가진 사람들의 생각만을 반영하고 있다. 다시 말해서 대체로 순결 맹세로 금욕주의를 준수하는 수도사와 성직자들의 생각만을 반영하고 있는 것이다. 물론 우리가 접할 수 있는 평신도들의 이야기는 흔히 그들이 자신들의 입장을 변호하기 위해 지배적인 담론을 통합하면서 드러내고 증언하고 옹호하는 법정에서의 말들이다. 소설, 동화, 우화시와 관련해 그들은 '중세인'의 일상생활에서 자신들의 이야기, 익살극과 줄거리를 끌어낸다. 하지만 조르주 뒤비가 상기시키고 있는 것처럼 이러한 예들은 "성과 사랑의 전통적인 구도 속"[9]에서 자리잡고 있다.

중세 시대에 생식기관을 가진 몸은 대체로 경시되었고 육체적 충동이나 욕망은 전반적으로 억압되었다고 주장할 수 있다. 13세기에 어렵게 나타난 기독교인의 결혼은 육욕을 치유하려는 시도였다. 성교는 출산이라는 목적을 위해서만 생각되고 허용될 뿐이었다. 교회 성직자들은 "자신의 아내를 너무 열정적으로 사랑하는 것도 간음이다."라고 되풀이해 말했다. 이처럼 몸에 대한 억제가 규정되었으며 '일탈적' 행동은 금지되었다.

침실에서 여자는 수동적이고 남자는 능동적이어야 하지만 격정없이 절제되어야 한다. 엘로아즈를 생각했을 12세기 피에르 아벨라르(1079~1142)만이 남성의 지배는 "남자와 여자가 상대의 몸에 대해 동등한 권리를 갖는 부부관계에선 중단된다."고 말하기에 이른다. 하지만 대부분의 성직자와 평신도들에게 남자는 소유자이다. 조르주 뒤비는 "남편은 자기 아내의 몸에 대한 지배자이며 남편은 아내의 몸에 대한 점유권을 갖는다."고 요약하고 있다. 모든 피임 시도는 신학자들에겐 치명적인 죄이다. 남색은 아주 나쁜 짓이다. 보스웰에 따르면 비난 받다 이어 묵인되고 검토되다 12세기에는 교회 안에서까지 '게이' 문화가 형성된 후 13세기부터 동성애는 때로 식인풍습과 유사한 타락이 되었다. 말은 사물을 만든다. 그리고 카로 caro(육체), 뤽쉬리아스 luxuria(색욕), 포니카토 fornicatio(간음죄)처럼 고대 말에서 중세 시대 사이에 생겨난 새로운 용어들은 육체에 적대적인 이데올로기를 기독교적 어휘로 만들었다. 사랑스러운 caro이라는 용어가 지칭하는 인간의 본성은 성적 의미가 부여되고 '부자연스러운 죄'의 의미를 띠게 되었다.

분명 교황 그레고리우스 7세(1073~1983) 개혁이 시작된 12세기에 시스템은 수정되었다. 그레고리우스 '개혁'은 본질적인 것이었다. 왜냐하면 그레고리우스 개혁은 결혼한 신부들

(nicolaïsme)처럼 교회 직무의 불법 매매 관행(simonie)을 정화하기 위해 기독교 교회가 실행한 거대한 교회 근대화로 이루어졌기 때문이다. 특히 그레고리우스 개혁은 성직자들을 평신도와 구별했다. 첫 번째 라테란 공의회에서 비롯된 성직자들은 군주제라는 새로운 모델의 중심에서 영혼을 타락시키는 정액과 정신이 전락하지 않도록 해주는 피를 뿌리는 짓을 삼가게 되었다. 독신자들의 세계인 수도회가 이렇게 확립되었다. 평신도들은 일부일처제 결혼과 이혼할 수 없는 가부장적 모델에 갇힌 사회 속에서 자신의 몸을 건강에 좋은 구원의 방식으로 이용하게 된다.

정당한 성적 태도들 사이에서 위계가 확립되었다. 최상위 정점에 일상생활에서 순결이라 불리는 처녀성이 있다. 이어 과부의 순결과 마지막으로 결혼 생활 내에서의 순결이 이어진다. 볼로뉴 수도사인 그라티아누스 법령집에 따르면 "기독교는 두 개의 성에 같은 방식으로 간통을 금했다." 하지만 이는 실제 현실이라기보다는 이론적 관점이었다. 다시 말해서 성교coitus에 대한 논설은 남자들에 대해서는 거의 말하지 않고 있다.

전쟁에 대한 전례 없는 제어는 죄악에 빠진 방식으로 피를 흘리는 것을 피하는 것이었다. 하지만 실용주의가 '야만'이나 '이단'의 위협에 대처했다. 따라서 국가의 종교가 된 기독교는 성 아우구스티누스가 '정의의 전쟁'(bellum justum)이라고 불렀던 것을 확립했다. 정의의 전쟁은 오늘날까지 가장 비열한 것으로써 가장 고귀한 대의명분을 정당화하는데 이용되게 된다. 성 아우구스티누스는 전쟁이 '해치려는 욕망, 복수의 가혹함, 진정될 수 없는 냉혹한 기질, 지배의 욕망과 다른 유사한 태도에 의해' 야기되지 않는다면 정당하다고 말했다. 이러한 주장은 그라티아누스『법령집 Décret』, 이어 교회법 학자 뤼팽이『교령집Summa decretorum』(1157년 경)에서 되풀이해 권고하고 완성했다.

마찬가지로 교회는 평신도들에게 '정당한 성교' 다시 말해서 결혼을 강요했다. 교회의 이데올로기적 그리고 이론적 지배는 고해신부를 위해 마련된 입문서인 참회 규정서에 따른 종교상의 의례에서 표면화되었다. 이 참회 규정서엔 형벌과 결부된 육체적인 죄와 그에 상응하는 고해성사 목록이 열거되어 있다. 예를 들어 다른『교령집』들과 같은 제목으로 11세기 초에 작성된 보름스 주교의 교령집은 결혼한 사람들에게 '개처럼 후배위로 성교하는지 여부'를 묻고 있다. 후배위로 성교했을 경우 "열흘간 물과 빵으로 회개"하도록 강요했다. 예를 들어 회개기간 중, 출산 전 혹은 주일에도 배우자와 잠자리를 함께하는 것은 유사한 형벌에 처해질 수 있었다. 이어 동일한『교령집』엔 여성용으로 "악마 같은 흉책으로 남편에게 더 많은 사랑을 받기 위해" 남편의 정액을 마시는 것은 7년간의 회개에 처해지게 될 것이라고 기록되어 있다. 오랄 섹스, 남색, 자위, 간통은 물론 수녀들과의 성관계도 차례로 금지되었다. 성기에 살아있는 물고기를 집어넣어 "물고기가 죽을 때까지 성기에 넣어 두었다가 물고기가 죽은 후에 그것을 삶거나 구어 남편에게 먹게 해 자신에 대해 더 흥분할 수 있게 하는" 여성들의 가정된 흉책에 따른 가상적인 부부관계의 환상 같은 모든 것 —— 목록에 기재된 회개자의 망상보다 신학자들의 망상에 대해 더 많은 것을 알려주고 있는 —— 이 규정되었다. 사람들은 이 점에서 아직도 장-피에르 폴리가 "야만적인 사랑"이라 부른 것에 열중하고 있는 셈이다.

일반적 고행(크리스마스, 부활절, 성신강림축일)시와 금식과 절제의 또 다른 시기들에도 권장하고 있는 부부생활의 성적 통제는 약 180일이나 185일간 허용된 성적 자유에 강한 영향을 받은 인구 수에 못지않게 중세의 정신에도 영향을 미쳤다. 심지어 12세기의 신학자인 파리 사람 위귀 드 생-빅토르(1411년 사망)는 부부의 성생활도 간음이라고 말하기에 이른다. 그는 "죄 없이 아이가 생기지는 않는다."고까지 주장했다. "미셀 소[10]가 기록한 것처럼 부부 사이에 애정의 정신화가 신학이 제거하려했던 몸을 구제하게 될"지라도 기혼자들의 삶은 비할 데 없는 어려움으로 밝혀졌다. 죄에 빠진 인간과 성인 그리고 성령 간의 대화로 에로티즘으로 충만한 성서인 『아가』를 철저히 완화하기에 이를 정도로 타인의 몸에 대한 사랑과 하느님에 대한 사랑은 사실상 무수히 많은 텍스트들 속에 뒤섞여 있다. 예를 들어 피에르 드 롱바르(1150년경)의 『금언 Sentences』에 따르면 부부는 결국 "영혼의 동의에 따라 그리고 몸의 이종교배의 관점에서 보아" 결합할 수 있게 된다.

이론과 실제

그런데 중세의 성 도덕적 측면에 대해선 1793년 칸트가 아주 합리적이고 이성적인 기여를 했던 "이론상으론 그럴듯하지만 실제로는 아무런 가치도 없다."라는 일반적 논거가 상당히 적절해 보인다. 성직자들이 투구와 무기보다는 차라리 여자와 첩을 취하기는 했지만 12세기 이전엔 여전히 성직자들이 서로 싸우는 모습 —— 그렇지만 이 현상은 제한되어 있었다 —— 을 흔히 볼 수 있었다. 평신도 측에서 난투극과 싸움은 빈번했고 육체적 쾌락 —— 성관계만으로 축소할 수 없는 —— 은 순조롭게 진행되고 있었다. 귀족들은 소위 일부다처제라는 '야만'의 시대에 머물러 있었다.

  몸의 관습과 금기를 따르는 것은 사회 계층에 따라 차이가 있었다. 투쟁 범위는 이미 성 관계의 수준으로 확대되고 있었다. 예를 들어 혼외정사의 모험은 귀족과 명문가의 결혼 생활에서 수시로 감행되었다. 부자들 측에선 일부다처제가 받아들여졌고 사실상 허용되었다. 가난한 사람들 측에선 교회에 의해 제도화된 일부일처제가 더 많이 준수되었다. 순결에 관해서 말하자면 순결은 자크 로시오드의 회상처럼 "아주 드문 미덕"이자 "엘리트 성직자 계급에게 국한되어 있었다. 공식적으로 결혼할 수 없었던 당시 대부분의 세속적인 성직자들은 첩을 두고 살았기 때문이다." 예를 들어 루이 9세의 고해신부는 처신의 이례적인 특성 때문에 루이 9세가 혼인의 순결을 양심적으로 준수했다는 사실을 강조했다.

  일부다처제로 살았던 프랑스의 마지막 국왕은 존엄왕 필립 2세였다. 그의 치세 기간(1180~1223)은 이 시대의 절정기에 위치해 있다. 홀아비로 다누아즈 잉에보리와 재혼한 필립 2세는 자신의 신부를 공경할 수 없었다. 권력자인 필립은 당시 부부의 침실을 떠나 혼외정사에 빠져들었고 결국 중혼생활을 했다. 교회로서는 수용할 수 없는 처신이었기 때문에 교회는 필립 국왕을 파문시켰다. 결국 필립 국왕은 덴마크의 잉에보리를 다시 찾

앉지만 부부관계 없이 그녀를 수녀원으로 보내 격리시켰다. 잉에보리는 사람들이 그녀가 수녀원으로 가기를 원했기 때문에 자기 나라로 돌아가기를 거부했다. 자신을 양녀로 삼은 프랑스를 사랑한 잉에보리는 자기 남편이 아니라 궁정에서 숭배되었다. 궁정은 잉에보리에게 경의와 신뢰 그리고 존경을 보냈다. 게다가 통념에서 벗어난 이 여인에게서 영감을 받은 익명의 예술가가 중세에 가장 아름다운 시편집인 『잉에보리 시편집』 —— 천지 창조에서 그리스도의 강생과 최후의 심판을 거쳐 역사의 종말에 이르는 전 기독교 인류 역사를 표현한 비할 데 없는 신학적·미학적인 힘을 가진 작품 —— 을 지었다.

중세 천년을 통해 성과 몸에 대한 통제 시스템은 변화되게 된다. 중세 최대의 종교개혁인 12세기 그레고리우스 개혁과 함께 한 성과 몸에 대한 통제체제의 승리는 또한 상대적인 쇠퇴기를 특징짓고 있다. 그리스-로마나 이교도적인 세계와 삶의 방식에서 계승된 성적 관행은 사라지게 된다. 수도사들의 순결은 수많은 대중적 희극들에서 조롱받았다. 대중적 희극들에서 사람들은 축첩하는 성직자들과 자의든 타의든 동정(童貞)을 연상시키는 것들을 비웃었다. 끝나고 있는 중세는 받아들여졌든 재발견되었든 성적 자유와 성적 억압 사이에서 동요하고 있었다. 위기의 14세기는 사람들이 하늘보다는 땅 위에 살 수 있도록 성적 가치를 자연스럽게 받아들이게 했다. 따라서 조르주 뒤비가 기록했듯이 "더 이상 육체와 정신이 아니라 자연적인 것과 자연에 반하는 것 사이의 투쟁이었다." 그렇다고 해도 예를 들어 피렌체와 같은 특별한 곳을 제외하면 동성애나 '여자 같은 남자'에 대한 혐오감은 15세기에 강화되었다. 서구의 역동성인 긴장은 여전히 성에 대한 가치관의 동요를 통해 감지할 수 있다. 어쨌든 교회의 새로운 성윤리는 중세 서구의 상상력과 현실 속에서 강요되고 있었다. 그리고 교회의 새로운 성윤리는 오랫동안 지속되었다. 중세 교회의 새로운 성윤리는 아마도 전례 없는 성적 자유를 향유한 1960년대를 기억하고 있는 오늘날까지 이어지고 있을 것이다.

억압의 뿌리들: 고대 말

"주요한 금욕"의 토대를 이해하기 위해선 그 시초로 되돌아가 보는 것이 좋다. 성본능의 억제와 "육체적 금욕"이라는 서구 역사의 근본적 진전은 무엇보다 일반적으로 이교 문명이라 불리는 것과 미셸 푸코가 『성의 역사』에서 최초로 밝혀낸 것처럼 로마제국 하에서 시작되었다.

역사가 폴 베인느[1]는 정확하게 마르쿠스 아우렐리우스 황제가 통치했던 기독교 시대인 180년에서 200년 사이의 변화를 추적하고 있다. 늘 정열의 타락에 대해 투쟁하면서 금욕주의에 심취해 평정을 얻은 황제의 스토아주의는 분명 "개인적인 특성을 띠었다."[12] 예를 들어 성교는 "배의 마찰과 경련에 동반하는 끈적이는 액체의 분출"[13]로 단순화되었다. 자기 성찰을 기록한 『명상록』에서 마르쿠스 아우렐리우스(121~180)는 성교를 경시하는 이유를 설명하고 있다. 현명한 사람이 타락한 정열에 굴복하지 않으려면 양심적으로 가식없는 진실과 대면해야 한다. 다시 말해서 "벌거벗은 진실은 사물에까지 이르러 그것들의 실재 모습을 보게 할 수 있도록 사물을 깊이 이해하는 이미지들이다. 그리고 이는 평생 계속되어야 한다. 사물이 지나치게 과대평가되고 있는 곳에서 사물을 드러내고 사물들의 저속함을 더 잘 알 수 있게 하고 사물을 장식하고 있는 세부적인 모든 것들을 걷어내는 것이다."[14]

말하자면 이미 기독교는 기독교에 반대되는 몸에 대해 대대적인 방향 전환을 할 수 있도록 상황은 잘 준비되어 있었다. 폴 베인느는 "기독교인들은 억압할 것이 전혀 없었으며 억압할 것은 이미 억압되어 있었다."라고까지 주장하고 있다. 미셸 푸코는 "일반적으로 초기 기독교 교리와 고대 도덕 철학 사이에 확인할 수 있는 아주 밀접한 연속성"은 고대 이교 문명과 기독교가 성 이론과 성 관습에서 두 가지 상반된 입장을 대표하고 있었다고 생각하는 것은 "전혀 정확하지 않다."는 사실을 입증하고 있다고 쓰고 있다. 사실상 흉내내기가 임박해 있는 셈이었다. 그리스와 로마의 "고대 이교 문명"에서 몸의 숭배와 성적 자유. 기독교에서 순결, 금욕과 처녀성의 병적인 추구. 폴 베인느와 미셸 푸코의 작품들은 "처녀성에 대한 청교도주의"가 고대 로마제국(1세기에서 2세기)의 기독교로의 결정적인 전환에 앞서 존재하고 있었다는 사실을 완벽하게 밝히고 있다. 폴 베인느는 "키케로 시대와 두 명의 안토니우스 세기 사이에 잊혀진 중대한 사건이 벌어지고 있었다. 다시 말해서 성적인 관계와 부부 관계의 변환이 그것이다. 이러한 변환이 끝날 때 이교도의 성 도덕은 결혼에 대한 미래의 기독교 도덕에서 동일하게 재발견되고 있다."라고 기록하고 있다.[15]

전체적으로 준수된 처녀성과 순결에 대한 관행과 찬사를 사회에 오랫동안 정착시키게 되는 수도사와 같은 실무자들처럼 히에로니무스[*5]와 아우구스티누스에 이은 토마스 아퀴나스 같은 관념론자들에 의해 중세는 몸과 성에 대한 경시에 훨씬 더 강한 충격을 주게 된다.

★5 Eusebius Hieronymus 347?~419?
    라틴 교부(敎父)·성서학자·수도원 지도자. 영어명은 성(聖) 제롬(Saint Jerome), 또 그리스어·헤브라이어에 능통하여 동방교회의 문헌을 번역, 서방에 소개하였다.

기독교, 대대적인 방향전환의 집행자

급격한 방향전환이 일어나기 위해선 거대한 이데올로기적 집행자와 이에 상응하는 사회 구조, 정신 구조, 경제 구조를 필요로 한다. 급격한 방향전환과 억압의 주체는 기독교다. 결과적으로 기독교라는 제도화된 종교는 서구에 아주 새로운 것을 도입했다. 다시 말해서 원죄를 성적인 죄로 변화시킨 것이다. 기독교 초기에는 이와 유사한 어떤 흔적도 찾아 볼 수 없었기 때문에 기독교 그 자체에서도 어떤 새로운 변화였고, 사실상 원죄를 성적인 죄로 대치하는 것과 같은 어떤 표현도 구약 성서엔 나와 있지 않다. 낙원에서 추방된 아담과 이브의 원죄는 호기심과 오만의 죄다. 사탄의 유혹에 이끌려 최초의 남자와 여자가 지식 나무의 열매를 먹고 하느님에게서 가장 결정적인 속성들 중 하나를 빼앗도록 인도한 것은 앎에의 의지였다. 육체는 최초 인간의 타락과는 무관했었다. 요한복음(1장 14절)엔 "말씀은 육신이 되었다."라고 기록되어 있다. 최후의 만찬이라는 에피소드에서 자신의 살과 피(빵과 포도주)를 먹은 사람들에게 영생을 보장한 예수에 의해 대속되었기 때문에 육체는 거의 의심을 받지 않았다.

물론 분명 개인적 삶의 고뇌에 영향을 받은 바울에게 섹스와 여자에 대한 악마화의 전제는 당연히 존재하고 있다. "육신대로 살면 죽게 될 것이다."(로마서 8장 3~13절) 왜냐하면 "영원한 생명을 주는 것은 영이기 때문이다."(요한복음 6장 63절)라고 그는 주장하고 있다. 육체는 "어떤 것에도 도움이 되지 않는다." 하느님은 니체의 표현을 빌자면 자신의 적자인 예수에게 "너무 인간적인" 인간의 몸을 부여함으로써 죄의 고난을 겪게 했기 때문이다. "육체의 죄"에 대한 비난은 급격한 방향전환에 의해 이데올로기적으로 교묘하게 도입되었다. 세상의 종말이 다가오고 있다는 믿음에 사로잡힌 바울은 성욕에 반대하는 기독교 교리에 새로운 기초를 제시하게 된다. 즉 "형제들아 내가 이 말을 하노니 그 때가 단축하여진 고로 이 후부터 아내 있는 자들은 없는 자 같이 하며."라고 사도서한에서 고린도 사람들에게 선언하고 있다(고린도전서, 7장 29절).

신약 성서에 기록되어 있는 간음, 교회의 교부들이 말하는 색욕, 5세기에서 12세기 사이에 확립된 "주요 죄목들"의 체계에서 하느님에 대해 이루어진 모든 죄를 요약하는 음란은 조금씩 성직자들이 지탄하는 삼위일체가 되었다.

바울이 급격한 대규모 방향전환의 밑그림만을 그리고 있었다면 그리스·로마 시대 말에 새로운 기독교 성윤리의 증인이자 안내인인 교부 아우구스티누스(354~430)는 이러한 대전환에 존재론적, 지적 정당성을 부여했다.

『고백록』과 『신국론』의 저자인 아우구스티누스는 역사에 잘 알려진 바대로 개종한 사람이었다. 신앙심 깊은 모니카의 아들(아버지 파트리키우스는 이교도였다.)로 타카테스와 카르타고 등 4세기 로마령 아프리카에서 수년 간 쾌락과 방황 그리고 일탈적인 삶을 산 후 야심만만한 총독이 된 젊은 주식 중개인 아우구스티누스는 밀라노에서 신비한 경험을 하고 기독교로 전향한다. 밀라노에서 병들어 고통받고 있을 때 아우구스티누스는 다음과 같이 말하는 목소리를 들었다. "성경을 들고 읽으라!" 그가 읽은 것은 사도행전이었고 그가 펼친 곳엔 다음과 같이 쓰여있었다. "진수성찬, 과음, 추잡한 성적 쾌락에 빠져 살지 말라[……] 육체적 탐욕에 탐닉하고자 하지 말고 우리 주 예수 그리스도를 받아들이라." 아우구스티누스는 개종 이전에 이미 "죄가 사지를 지배"하고 있음을 간파하고 있었다. 이제 자신과 교회를 향해 나아오는 이 새로운 남자 때문에 기쁨에 싸여있는 바로 그의 어머니처럼 아구스티누스는 위로받는다. 따라서 기독교의 "새로운 인간"은 선술집의 시끌벅적함이나 욕망의 열정, 고통의 원인인 육체에서 먼 아우구스티누스의 길을 가게 된다. 또한 색욕(lusuria)에 대한 비난은 흔히 식탐(gula), 과음(crapula)과 과식(gastrimargia)에 대한 비난을 수반하게 되었다.

원죄가 성적인 죄로 변화할 수 있었던 것은 상징적 사고가 중세 체제를 지배하고 있었기 때문이었다. 풍부한 다목적의 성경 구절들은 일반적으로 모든 장르에서 해석과 왜곡을 가능하게 했다. 전통적인 해석은 아담과 이브가 금단의 과실에서 신성한 지혜의 일부를 얻을 수 있게 해주는 실체를 발견하고 싶어 했다고 주장하고 있다. 금단의 열매를 먹는 행위는 지식이라기보다는 성교라고 지적하는 것이 선량한 하층계급 사람들을 이해시키기가 더 쉬웠기 때문에 이데올로기적, 해석상의 큰 변화는 어렵지 않게 정착되었다. 그리스도의 종교를 독점하고 있는 교회의 대변자들에 대하여 스피노자는 "그들은 그리스인들에게서 합리성을 박탈하는데 만족하지 않고 그리스인들과 함께 선지자들에게서 합리성을 박탈하고 싶어 했다. 이는 그들이 성서의 신성함을 이해하지 못했다고 아주 분명하게 증명하고 있는 것이다. 누구도 성서의 신성함에 대해 대중을 깨우치고자 한 것이 아니라 대중을 감탄하게 해 넋을 빼앗고 반대자들을 공개적으로 비난하고, 대중을 놀라게 해 충격을 주는데 알맞은 새롭고 이상한 것들만을 가르치고자 했다."고 지적하고 있다.[16)] 특히 성 아우구스티누스의 영향이 컸을 것이다. 아벨라르와 그의 제자들을 제외하면 신학자들과 철학자들은 육욕을 통해 원죄가 성적인 죄와 연결되어 있다는 사실을 인정하게 된다.

결국 맹렬한 이데올로기적 투쟁과 실제적인 조작을 대가로 오랜 여정 끝에 몸과 성욕에 대한 통제 시스템은 12세기부터 확립된다. 소수가 준수했던 계율이 중세 시대 도시의 대다수 남자와 여자에게로 확대되는 것이다. 그리고 오랜 세월에 걸쳐 가장 무거운 도덕적 의무를 감수한 측은 여성들이었다.

여성, 종속된 사람

따라서 몸에 대한 교리상의 혼란은 전체적인 것처럼 보인다.[17] 정신적인 것에서 비롯된 여성의 종속은 몸의 기원도 갖게 된다. "12세기에 빙겐의 힐데가르트는 여성은 약하다. 여성은 달이 태양에게서 그 힘을 받듯이 남성에게서 자신에게 힘을 줄 수 있는 것을 마음에 그린다. 그것이 여자가 남자에게 복종하는 이유이자 늘 남자에게 봉사할 준비가 되어 있는 이유이다." 부차적이고 종속적인 여성은 남자와 대등하지도, 남자를 보완하지도 못한다. 필연적으로 서열이 지어져 있는 계급적인 인간 세상에서 "남자는 높고 여자는 낮다."고 크리스티안느 클라피쉬-쥐베는 쓰고 있다.[18]

4세기와 5세기 교회 교부들의 성경 해석 자료집(암브로시우스, 히에로니무스, 요한 크리소스토무스와 아우구스티누스)은 중세 시대에 끊임없이 되풀이되어 지속되고 있다. 따라서 성경에 나타난 창조의 첫 번째 버전은 여성들에게 더 불리한 두 번째 버전을 위해 잊혀졌다. 하느님에게서 "우리의 형상을 따라 우리의 모양대로 사람이 창조되었다." 다시 말해서 "남자와 여자"가 창조된 것이다(창세기, 1장. 26~27절). 교부와 성직자들은 아담의 갈빗대로 하느님이 이브의 형상을 만들었다(창세기, 2장, 21~24절)는 버전을 더 좋아한다. 따라서 몸의 창조는 여성 최초의 불평등을 낳는다. 중세 신학의 일부는 여성의 순종을 아담과 이브의 타락 이전으로 거슬러 오르게 하는 아우구스티누스의 견해를 끼워 넣고 있다. 따라서 인간은 둘로 갈라졌고 우월한 부분은 남성적인 면(이성, 영혼)을 갖고 열등한 부분은 여성적인 면(몸, 육체)을 갖는다. 아우구스티누스의 고백록은 처음부터 끝까지 미래 히포의 주교가 일반적으로 자신의 새로운 삶에 여성 —— 그리고 특히 아우구스티누스 자신의 여자 —— 이 얼마나 장애가 되었는지를 일관되게 이야기하고 있는 개종에 대한 이야기다.

8세기 후에 토마스 아퀴나스(1224~1274년 경)는 아우구스티누스가 갔던 길에서 일부 벗어나긴 하지만 그렇다고 여성을 자유와 평등의 상태로 되돌려놓은 것은 아니다. "영혼은 몸의 형상이다."라는 아리스토텔레스(기원전 384~322)의 사상에 젖은 토마스 아퀴나스는 2가지 수준의 창조에 대한 아우구스티누스의 주장을 받아들이지 않고 반박했다. 영혼과 몸, 남자와 여자는 동시에 창조되었다. 따라서 남성성과 여성성은 둘 다 성스러운 영혼의 중심이다. 그렇지만 남자는 이성에서 더 명철함을 증명하고 있다. 또한 남자의 정자만이 성교 시에 신의 축복을 받아 인류를 존속하게 한다. 아리스토텔레스의 작품과 그의 작품을 정독한 중세 토마스 아퀴나스의 작품에 나타난 여성 몸의 불완전성은 여성성의 열등성에 대한 이데올로기적 기원을 설명하고 있다. 다시 말해서 여성성은 원래 자연적이고 형이하학적인 것이 되었다. 그렇지만 토마스 아퀴나스는 하느님이 여성을 남성보다 우월한 존재로 만들고 싶어 했다면 여자를 남자의 머리에서 창조했을 것이며 여성을 남성보다 열등한 존재로 만들고 싶어 했다면 여자를 남자의 발에서 창조했을 것이라고 지적하며 남자와 여자의 이론적 평등을 주장했다. 따라서 하느님은 남녀의 평등을 나타낼 수 있도록 남자의 몸 중간에서 여자를 만들었다는 것이다. 또한 교회의 결혼에 대한 규제가 부부 상호간의 동의를 요구하고 있다는 사실을 강조할 필요가 있다. 교회의 규정이 늘 준수되지는 않았지만 여성의 지위가 향상되었다는 사실을 보여주고 있다. 마찬가지로 성모 숭배의 비약적 발전이 여성의 사회적 지위에 영향을 미쳤다고 단언할 수는 없지만 성스러운 여성에 대한 찬미는 어떤 여성의 존엄성, 특히 어머니의 존엄성과 마리아의 어머니 성 안나를 통한 할머니의 존엄성을 확고히 했다.

중세 신학에 대한 아리스토텔레스의 영향은 여성의 지위에 불리하게 작용했다. 예를 들어 아리스토텔레스의 영향으로 여성은 "되다 만 남자 mâle manqué"로 생각되었다. 크리스티안느 클라피쉬-쥐베는 약한 육체는 "여성의 이해력과 의지에 직접적인 영향"을 미치고 있으며 행동이 결여된 무절제를 설명하고 있다. 또한 약한 육체는 영혼과 신성한 것에 대한 이해를 향상시키는 여성의 능력에 영향을 미치고 있다."고 쓰고 있다. 남자는 결과적으로 결함이 있는 여성의 인도자이다. 그리고 이 위대한 역사의 침묵자인 여성들은 "이브와 마리아, 죄인과 구원자, 악처와 귀부인"[19) 사이를 오가게 된다.

여자들은 현실적으로 원죄를 성적인 죄로 변화시킨 신학자들의 마술에 대한 대가를 치르게 된다. 때로 진부한 생각을 따랐던 토마스 아퀴나스가 "하느님의 모습은 여자들에게서 확인될 수 없는 방식으로 남자에게서 발견된다."고 말했을 정도로 여자는 남자의 희미하게 반영된 모습이었다. 여자들은 심지어 생물학적 본질도 빼앗기고 있었다. 왜냐하면 당시의 과학적 교양 수준은 난자의 존재에 대해 모르고 있었고 수태를 남성만이 기여하는 것으로 여겼기 때문이었다. "조르주 뒤비는 중세는 절대적으로 남성적이다 라고 기록하고 있다. 내가 듣고 배운 모든 이야기는 남자들과 관계되어 있으며 남자들의 성적 우월성을 입증하고 있기 때문이다. 나는 남자들만을 이해하고 있다. 그렇지만 나는 여기서 그들이 무엇보다 남자들의 욕망에 대해 그리고 결과적으로 여자들에 대해 이야기하는 것을 듣고 있다. 그들은 여자를 두려워하며 두려움에서 벗어나기 위해 여자들을 무시한다." 일반적으로는 여자들을 "올라타다" "담그다" "도장을 찍다" 혹은 "타작하다"(때리기와 찌르기)라고 말하는 15세기 노동자들과 예술가들에게서 유행했던 어휘에서 성립되긴 했지만, 남자들이 여자에게 부여하는 명예인 좋은 아내와 좋은 어머니는 때로 불행과 유사하다. 자크 로시오드는 "남자들은 욕구를 해소하기 위해 변기로 가듯이 여자들에게 간다."[20]라고 요약하고 있다.

같은 시대에 고해 신부들은 금지를 통해 남성의 충동을 억압하려 했지만 또한 배출 장소인 사창가와 목욕실에서 매춘을 억제하고 있었다. 따라서 토마스 아퀴나스의 기록처럼 "사회적 신분은 수치스럽고 벌이는 없었던" 창녀들을 크고 작은 공공 사창가나 개별 사창가, 목욕실, 도시 주변에서 비롯된 다른 매음굴에서 찾아 볼 수 있다. 흔히 빗나간 모습으로 성욕을 강화하여 자극하고자 하는 젊은 무리들에게 강간당한 후 창녀들은 매음굴에서 "세계에서 가장 오래된 직업"에 종사했다. 쫓겨나긴 했지만 사회의 조절장치인 창녀들은 몸으로 중세 사회의 긴장들을 체험하고 있었다.

성흔과 채찍질 고행

여성의 고통(dolor)이 신학과 성경에 기록되어 있다면 고통효용론은 중세에 고통받는 그리스도와의 동일시로 성흔과 채찍질 고행을 통해 상대적으로 단기간에 확장되게 된다.

성흔은 수난기 그리스도가 입은 상처의 흔적이다. 바울은 자신이 주(갈라디아서 6장 17절)에 대한 사랑으로 감수했던 매질의 물리적 흔적을 성흔이라고 표현했으며 히에로니무스는 성흔에 고행의 의미를 부여했다. 그들은 의도했건 의도하지 않았건 13세기에 새로운 현상을 야기하게 되었다. 알려져 있는 최초의 성흔들 중 하나는 베긴 교단의 마리 도아니(1213년 사망)의 성흔이었다. 파문을 일으켜 종교사에 화려하게 기록된 가장 유명한 성흔은 죽기 2년 전인 1224년 갑자기 나타난 성 프란체스코의 성흔이었다. 베긴 교단의 엘리자베스 드 스팔벡(1270년 사망)의 성흔은 금요일에 핏방울이 떨어지고 머리엔 가시 자국이 났다. 1375년 성 카트린느 드 시엔느(1380년 사망)가 법열 상태에서 받은 성흔은 보이지 않는 격렬한 내적 고통에 의해 나타났다. 성흔은 13세기부터 성령이 표출되는 징후인 성스러움의 흔적이 되는 경향이 있었다. 성흔은 고통받는 그리스도와 육체적으로 순응하는 움직임이 증가하는 측면이다. 하지만 성흔은 소수와만 관련이 있었으며 특히 신앙심과 행동의 영역으로 제한되게 되고 특히 여성들에게서 발견되는 성스러움의 기준으로 축소된 영향력만을 갖고 있었다.

그리스도 수난을 위해 설정된 성흔은 중세 시대에 거의 언제나 교회의 반감에 부딪쳤다. 평신도와 대중적 시위인 채찍질 고행 운동은 성가가 울려 퍼지는 가운데 맨발에 반은 벗은 채 십자가와 깃발을 들고 행해지는 식이었다. 이러한 시위는 전형적으로 자기 자신을 채찍질 하는 회개의 의식이 수반되었다. 의식들은 또한 평화 운동을 위해서 시행되었다. 회개 의식들은 특히 사회적 그리고 종교적 위기 시에, 특히 요아킴*6 이론에서 유래한 13세기에 그리스도가 지상에 재림하여 천년간 통치한 뒤에 세상의 종말이 온다는 천년지복설 운동의 영향으로 일어났다. 최초의 채찍질 고행의 대규모 폭발은 1260년 이탈리아 펠루지아에서 시작해 북부 이탈리아에서 알프스를 넘어 프로방스를 거쳐 알사스, 독일, 헝가리, 보헤미아와 폴란드까지 확산되었

★6 Joachimda Fiore 1132~1202
    이탈리아 신학자·신비주의자. 그의 독특한 종말론적 역사관은 동시대 및 후대에도 큰 영향을 주었으며, 특히 프란체스코회에 그의 정신적 후예가 많았다.

다. 흑사병에서 촉발된 또 한번의 대규모 폭발은 1349년 특히 독일과 네덜란드에서 일어났다. 채찍질 고행을 하는 사람들은 흔히 반교권주의적이고 유태인을 배척하는 심한 폭력적 행동에 빠져들었다. 채찍질 고행은 서구 수도원의 금욕 관행에 도입되지 않았으며 채찍질 고행의 상대적인 실패를 통해 고통 받는 그리스도의 예가 몸에 대한 현저한 학대를 초래하지 않았다는 사실을 보여주고 있다. 몸에 대한 학대는 사도마조히즘적 쾌락과 다름없기는 하지만 서구에선 존경의 대상이 되었다.

기름진 음식과 고기 없는 식사

그렇지만 몸에 대한 대대적인 억압이 성본능과 종교의 영향을 받은 소수의 자발적 고통으로 축소될 수는 없다. 우리는 이미 색욕이 점점 더 굴라 gula와 결부되는 것을 보았으며 '식탐'이란 말의 일반적인 번역이 아주 만족스러운 것은 아니다. 왜냐하면 교회가 권고하고 있는 것은 음식의 쾌락 못지않게 입과 관계가 있기 때문이다. 육체의 죄와 입의 죄는 함께한다. 따라서 취기는 억압되었다. 한편으로 기독교로의 개종은 특히 억제하는 것과 관련해 주연을 열렬히 좋아하는 농민과 "고대 그리스 로마인들"의 공적이었으며 다른 한편으로 육체의 죄, 소위 "훌

룡한 육체"와 "섹스"는 취기와 뒤얽혀 드러나기 때문이었다. 질림도 마찬가지로 죄와 동일시되었다. 따라서 절제와 금식은 "중세 사람들"의 시간에 리듬을 주었다. 몸에 대한 지배는 시간에 대한 지배와 함께 했으며 시간은 공간처럼 중세 시대 서열화된 사회의 기본적인 범주였다.

새로운 세계, 몸에 대한 새로운 억압 관습은 4세기에 확산될 때부터 부활절 축제에 앞서 준비하는 40일 간의 회개와 금식인 사순절에 집중됐고 이어 크리스마스와 성신 강림 축일로 확대되었다. 사회를 묘사한 작품들 속에서 기름진 음식의 화요일은 사육제 날이다. 왜냐하면 사육제는 금식기를 시작하는 상회례 전 날이기 때문이다. 사육제는 의인화되기까지 해 정반대되는 "늙은 사순절"과 고해자 행렬처럼 인기 있는 인물이 되었다. 예를 들어 사순절 기간엔 생선과 유제품을 먹을 순 있었지만 단식이 행해졌다. 더 축소되고 분할된 다른 시기들이 사순절과 함께 하거나 사순절을 대신했다.

어떤 관점에서 보자면 일반적으로 성직자들의 생활은 지속적인 사순절로 요약된다고 생각할 수 있다. 따라서 오늘날에도 수많은 수도원뿐 아니라 마을들에도 인근에 인공연못이 설치되었던 것을 확인할 수 있다. 늪과 연못은 금식 기간과 하루하루의 삶을 위해 적당히 현실적인 물고기 저장소가 되었다.

사순절 기간은 준수되지 않았다고 주장하는 것이 일반적이던 연구에 앞서 장-루이 플랑드랭[21]이 입증한 것처럼 평신도들도 상대적으로 금식을 준수했다. 장-루이 플랑드랭은 단식 기간 9달 후엔 임신 곡선이 하강한다는 사실을 보여주었다. 그가 분석한 자료들이 주로 사회 특권층에 집중되어 있지만 이는 금기를 따랐다는 사실을 증명하고 있다. 교회는 금욕기간 중 사랑하는 것을 아주 엄격하게 금지했기 때문이다.

그런데 중세 몸을 가로지르는 긴장인 고기 없는 식사와 반대되는 기름진 음식, 단식을 하는 사순절와 반대로 게걸스럽게 먹는 사육제는 〈사순절과 사육제의 투쟁〉이라는 피터 브뤼겔의 그림에 아주 훌륭하게 예시되어 있다.

• 몸의 복수 •

따라서 교회는 고대 이교 문명을 질식시키기에 이른다. 하지만 기독교 교조주의자가 "반문명화"로 생각했던 것은 살아남아 다시 나타난다. 몸의 대중적 개화는 사실상 일부 광신도들의 채찍질 고행 및 금욕과 병행되었다. 스피노자는 『윤리학』에서 "사람들은 몸이 할 수 있는 것을 알지 못하고 있다."라고 쓰고 있다.[22] 역사적 관점에서 우리는 적어도 그가 더 강력한 이데올로기적 통제와 억압 하에서이긴 하지만 몸에 대한 영벌을 싫어했다는 사실을 확인할 수 있다.

특히 시골 —— 유럽인 거주 지역의 90%를 차지하고 있었다는 사실을 상기할 필요가 있다 —— 에 퍼진 이교도적 관습은 지속되며 풍요로워졌다. 때로 관습보다 몽상을 통해 더 많은 것을 알 수 있다. 예를 들어 정확히 1250년 우화시에서 나타난 중세 시대에 보기 드문 유토피아 중 하나인 낙원은 사람들이 일하지 않으면서도 모든 것이 사치스럽고 아주 관능적인 상상의 땅을 묘사하고 있다. 풀밭은 소시지 울타리로 둘러싸여 거의 비거나 고갈되지 않고 이 상상의 나라 거주민의 머리 쪽으로 곧 다시 자라나 언제나 먹을 수 있게 준비되어있다. 종달새는 구워져 더할 나위 없는 행복을 누리는 사람들 입으로 떨어진다. 낙원의 일주일은 휴일이 6일이었다.

억눌린 몸과 대조되는 진수성찬, 금욕주의에 반대되는 폭음, 성직자들이 음란하다고 생각하는 춤, 기쁨의 노래가 곁들여진 익살스러운 사육제 축제들은 단식하는 사순절과 상반되었다. 중세 서구 문명은 상징적 수준에서 사순절과 사육제 간의 긴장의 산물이었다. 알려져 있는 것처럼 사순절은 기독교라는 신생 종교에서 비롯된 금식 기간이다. 그리고 이러한 '반문명적' 문화는 사육제를 통해서 가장 잘 표현되었다. 사육제는 사실상 소위 고레고리우스 개혁이 지배했던 12세기에 성립되었고 13세기엔 도시의 중심이었을 정도로 절정에 달했다. 사육제는 식사, 훌륭한 육체에 대한 찬미인 진수성찬이었다.

시골사람들에 대한 연구들이 이루어지긴 했지만 입과 육체의 끝없는 축제들 속에서 해방된 몸에 대한 자료는 결여되어 있었다. 어쨌든 성적인 측면이 예를 들어 브라질 리오 사육제에서 중시되지 않았다는 것은 사실이다. 그렇지만 사육제와 함께 디오니소스의 시대가 다시 돌아왔다. 기초적인 민족학자들이 한 연구들의 연장선에서 엠마누엘 르 로이 라뒤리는 로마인들의 사육제[23]가 도피네라는 작은 도시의 거주자들에게 "이교도적 삶을 포기"하고 교회가 정한 "금욕시기에 확산되기 전 극단적인 이교도적 방탕에 몸을 맡긴" 상황이 어떠했는지 보여주고 있다. 그리스도 봉헌축일 및 성모의 취결례를 기리는 축제일인 성촉절에서 성회 수요일까지 펼쳐지는 16세기의 대규모 겨울 축제는 로마인들의 사육제였다. 교회가 억압한 모든 것이 가장행렬 시기 내내 표현되었다. 가장행렬에선 가치가 전도되고 풍자가 행해졌다. 엠마뉘엘 르 로이 라뒤리는 계속해서 "소화하는 몸이 왕이다.", 서민의 모습을 한 전형적인 천국의 인물은 금식 기간에 들어가기 전날 밤 매질당해 죽기 전 전반적인 환희

속에서 가장 먹음직스러운 음식을 나누어준다.

버들가지로 만든 용 대(對) 돌로 만든 뱀

러시아 비평가인 미하일 바흐친은 라블레에 대한 자신의 유명한 연구[24]에서 사육제가 웃음과 르네상스적인 면모를 가진 반면 사순절은 중세의 슬픔에 속한다는 사실을 흥미로운 방식으로 보여주고 있다. 그렇지만 바흐친의 접근은 과장되어 있다. 한편으로 르네상스는 존재하지 않았기 때문이다.[25] 다른 한편으로 사순절과 사육제 사이의 대립은 주의를 기울일 필요가 있는 노트르담 정문 현관의 역사가 증명하고 있듯이 이미 중세시대에 나타나고 있었기 때문이다.[26] 노트르담의 정문 현관은 이중적이다. 현관의 일부는 생 마르셀에게 바쳐져 있고 다른 일부는 생 드니에게 바쳐졌기 때문이다.

생 마르셀(436년 사망)은 수호성인으로 파리 시 초대 주교의 역할을 수행해야 했을 것이다. 전기와 성인전 작가인 브낭스 폴튀나는 비천한 태생에서 인기 있는 교황성하인 주교가 된 마르셀의 놀라운 사회적 신분상승에 대해 이야기하고 있다. 중세 초 종교 고위층은 주로 귀족들 중에서 충원되었다. 말하자면 생 마르셀이 주교가 된 것은 기적에 가까운 일이었다. 정확히 말해서

문자 그대로 일련의 기적들이 이 성인에 대해 파리 사람들의 마음에 깊은 인상을 남긴 것이다. 그 중 가장 결정적인 것은 미래 카페 왕조의 수도인 파리 인근 더 정확하게 말해서 비에브르 계곡 아래를 공포에 떨게 했던 괴물 —— 이무기 —— 을 기적의 장소인 오늘날의 생 마르셀 대로에서 사냥한 것이다. 운집한 사람들 앞에서 생 마르셀은 사실상 창세기가 가리키고 있듯 성직자들이 악마이자 사탄의 상징으로 본 이 동물을 사냥했다. 이무기 사냥은 기적 같은 그의 사회적 이력이 절정에 이르렀음을 보여주는 사건이다. 다른 마르셀들에 대한 부분적인 숭배(309년 막센티우스 통치시에 순교한 마르셀 교황의 숭배나 생 마르셀 드 샬롱의 숭배처럼)가 있긴 했지만 "용 사냥꾼 생 마르셀"에 대한 숭배는 순조롭게 시작된 것처럼 보인다. 10세기와 12세기 사이에 그의 유해는 파리의 노트르담으로 옮겨져 파리의 수호성인인 생 주네비에브의 유해에 합장되기까지 했다.

그런데 시간이 흐르면서 생 마르셀은 다른 수호성인인 생 드니에게 자리를 빼앗기게 된다. 다고베르트 국왕(638년 사망)은 그를 기념하여 오늘날의 생 드니 대성당이라 불리는 성당을 건축하게 하였으며 이곳은 카페 왕조의 종교 의식과 프랑스 민족 이데올로기의 중심지가 된다. 결국 생 마르셀에 대한 숭배는 대체로 13세기 경 약화되어 완전히 잊혀진다. 그리고 그의 용은 흔히 노트르담의 현관 정문에서 볼 수 있는 것처럼 추함과 재해석의 주제가 되었다. 사실상 1270년 생트 안느의 현관문에 조각된 생 마르셀은 용의 입에 지팡이를 박아 넣어 죽게 한 반면 파리의 수호성인은 파리 밖으로 용을 쫓아냈을 뿐이다. 생 마르셀에 대한 숭배가 감소하여 잦아들게 된 이유는 전적으로 오랜 중세 시대를 관통하고 있는 사육제와 사순절 사이의 긴장과 관련이 있다. 왜냐하면 생 마르셀이 죽인 메로빙거 왕조의 용은 교회가 만들어낸 악마의 상징은 아니었을 것이기 때문이다.

사실상 집단적 정신상태를 보여준다는 점에서 실재하는 전설적 현상으로 용에 대해 성인이 승리했다는 의미는 정신적이라기보다는 사회적, 대중적, 심리적이며 물질적이다. 도마뱀을 죽인 사람 Le saint sauroctone 은 복음서의 악이 아니라 공공의 적을 무찌른다. 이 행위로 마르셀은 주교복이 아니라 도시공동체 우두머리의 외투를 차려입고 있다. 그는 사제가 아니라 사냥꾼이다. 게다가 도살자라기보다는 정복자이다. 왜냐하면 마르셀은 성 조르주가 용을 쓰러뜨린 것처럼 동물을 살해한 것이 아니라 그에 대한 전기가 분명히 밝히고 있듯이 목에 영대처럼 용을 걸침으로써 용을 복종시키고 있기 때문이다. 용에 대한 인류학 연구가 입증하고 있듯이 이집트에선 물의 파괴하는 힘이자 비옥하게 하는 힘의 화신이고 중국에선 태양의 상징인 용은 많은 양면성을 내포하고 있다. 생 마르셀의 이무기는 차라리 다시 나타나는 민간전승의 용으로 보인다. 루이 뒤몽은 비슷하게 괴물을 지배하는 모습을 15세기 남프랑스 타라스콩에서 이무기 모양의 괴수상 행렬에서 다시 찾아볼 수 있다는 사실을 보여주고 있다.

왜냐하면 12세기 파리에서 사육제의 시작은 재앙을 몰아내고자하는 목적의 공개적 전례인 가톨릭의 삼천 기도 행렬 주위에서 이루어졌기 때문이다. 이 때 유쾌해진 사람들은 버드나무 가지로 만든 커다란 뱀의 입 안으로 과일과 과자를 던져 넣는다. 이 뱀이 생 마르셀의 이무기이며 노트르담의 성직자와 관련된 표현과는 거리가 멀다. 그것은 잃어버린 그리스 로마의 이교 문화를 나타내는 민간전승의 의식과 관련이 있다. 이 행렬은 사순절에 맞서 기독교 문명에 이의를 제기하는 인물을 잊지 않기 위해 생 마르셀에 대한 기억에 근거하고 있다. 다시 말해서 사육제다. 교회의 돌로 만든 뱀 대(對) 버드나무 가지로 만든 용, 즉 사순절과 사육제의 투쟁은 중세 서구의 현실과 상상에서 진행되고 있다.

고통과 창조 사이의 일

 찬미되는 몸과 억압되는 몸 사이의 긴장은 번갈아가며 그리고 때로는 무시되는 동시에 더 높은 가치를 부여받는 육체노동에 할당된 지위가 보여주고 있는 것처럼 사회 생활의 전 영역으로 확대된다. 중세 시대의 언어사가 그 점을 입증하고 있다. 일을 지칭하는 두 개의 단어는 오퓌스 opus와 라보르 labor이다. 오퓌스 Opus(작품)는 창조적인 일로 세계를 만들고 자신의 모습을 따라 인간을 창조하는 행위인 성스러운 일을 정의하는 창세기의 단어다. 이 단어에서 오페라리 operari(작품을 창조하다), 오페라리우스 operarius(창조하는 사람)이 파생되었고 이후에 프랑스어 '노동자 ouvrier' 다시 말해서 산업화 시대의 일하는 사람을 지칭하는 단어가 생겨난다. '걸작 chef-oeuvre'과 '지적인 일의 지도자 maître-oeuvre'라는 찬사를 보내는 단어들에 기계화의 톱니바퀴 장치에 할애된 노동력 main-d'oeuvre이라는 경멸적인 단어가 대비되고 있다. '라보르 Labor' (고통), 노역, 고통스러운 일은 죄와 벌이라는 의미를 띤다. '아르스 ars' (직업 le métier)라는 단어와 개념을 첨가하는 것이 바람직하며 특히 긍정적이긴 하지만 기술 분야에 제한되어 있는 '아티플렉스 artiflex' (장인 artisan)라는 단어에서 어미가 변화한다. 현대적 의미의 '일 travail'이란 단어는 사실상 16세기와 17세기에 프랑스어에 강요되었을 뿐이다. 일이란 단어의 어원은 고집센 동물들을 제어하기 위해 고안된 세 개의 말뚝이 있는 기계의 이름인 초기 라틴어 트리파리움 tripalium에서 온 것으로 고문하는 도구를 지칭하는 일반적인 방식이 되었다.

중세 시대의 직업들은 더 큰 가치 부여와 가치 박탈이라는 이중적 움직임에서 벗어나지 못했다. 1268년 경 파리의 왕실 관료인 에티엔느 부알로가 작성하게 한 「직업 목록」은 약 130개 항목의 직업을 열거하고 있다. 하지만 섹스, 피, 돈에 대한 금기는 허가받은 직업과 부정한 직업을 분리하고 있다. 매춘부, 의사와 상인은 다양한 형태의 오점으로 인한 비난 때문에 피해를 입었다. 몇몇 주목할만한 미묘한 차이가 있기는 하지만 성경엔 일에 대해 비난하는 많은 예들이 나온다. 창세기(2장 15절)는 타락 이전에 "여호와 하느님이 그 사람을 이끌어 에덴 동산에 두어 그것을 경작하며 지키게 하시고"라고 말하고 있다. 이어 죄인인 인간은 일에 의해 벌을 받는다. "얼굴에 땀을 흘려야 먹을 것을 먹으리니."(3장 17~19절) 결국 "여호와 하느님이 에덴 동산에서 그를 내보내어 그의 근원이 된 땅을 갈게 하시니라."(3장 23절) 이 문장은 지상의 일과 낙원의 일을 대조하고 있다. 육체적인 일을 하도록 판결받은 남자의 옆에서 창세기의 여자는 "고통 속에서"(3장 16~19절) 아이를 낳고 출산하도록 판결받았다. 때로 오늘날 산부인과 병원에서 분만실은 아직도 '일하는 방 salles de travail'으로 불리고 있다. 이는 중세 시대에 아이의 출산을 원죄적 타락에서 비롯된 것으로 본 기독교적 재해석의 잔재로 볼 수 있다.

중세 시대 초 다시 말해서 5세기에서 11세기까지 일은 원죄의 결과인 벌로 생각되었다. 일하는 노예와 여백의 시간 말하자면 자기만의 시간과 무위 —— 오티움 쿰 디그니타트 otium cum dignitate, 육체적인 일의 유행에 대해 수도사의 무위와 같은 명예로운 무위 —— 에 빠져 사는 주인을 분리한 그리스 로마 세계는 최고위층 성직자들(주교, 수도참사회원, 수도원장)이 대부분 귀족 출신이었던 봉건 사회의 행동을 억압했다. 약탈당한 대중에게서 빼앗은 전리품으로 풍요롭게 산 '그리스 로마인'들과 전사 집단의 관습은 마찬가지로 유대-기독교 문명이 관조하는 삶을 더 고귀하게 본 것처럼 육체적인 일에 대한 사회적 가치 박탈에 영향을 미쳤다. 12세기까지 수도사들은 본질적으로 베네딕트회 수도사들이었다. 성 베네딕트의 「계율」은 물론 수도원에서 육체적인 일의 실천을 정착시켰지만 에덴동산에서 추방되었을 때 인간에게 강제된 속죄하는 법에 대한 복종인 벌로서였다. '라보라토르 laboratores'는 들을 경작하는 농민들

(agricolae, rustici)이었다. 8세기부터 고통보다는 일의 성과를 지칭하는 '라보르 labores'처럼 라보르 labor라는 말에서 파생된 용어들은 분명 농업과 시골의 일에 높은 가치를 부여했다는 사실을 보여주고 있다.

따라서 일은 고귀한 특성과 '고귀하지 않은' 상스러운 특성 사이에서 동요했다. 복음 텍스트들에서 명상적인 마리아라는 인물이 일하는 마태라는 인물에 대조되는 것이 입증하고 있듯이 정신과 행위 사이의 긴장은 명백했다. 수도원의 질서는 정신적 생활에 기울게 되는 완전한 자격을 가진 수도사들과 육체적인 일로 집단의 생활을 꾸려나갈 수 있게 해 주는 두 번째 계급의 종교적인 노동수사 혹은 보조수사 frère lai 사이에 분할된 사회 유형을 만들어내기까지 하고 있다. 게다가 탁발 수도회는 가톨릭 내부에서 일종의 '계급투쟁'을 지속하는 미묘한 문제에 아직도 열중하고 있는 많은 동시대 프란체스코회와 도미니크회에 대한 현실적 위협이었다. 이제 의미론적 타협이 발견된다. 다시 말해서 21세기 초에 더 적절한 것으로 평가되는 '협력수사 moine coopérateur'라는 단어를 위해 '평신도 laïque'라는 중세의 형태인 '속인 lai'이라는 용어를 폐기한 것이다.

11세기에서 시작해 13세기에 이르러 정신 혁명이 완수되었다. 일엔 높은 가치가 부여되어 권유되고 정당화되었다. 최선일 수도 있지만 역으로 최악일 수도 있다. 한편으로 부랑자들은 쫓겨나거나 강제적인 일이 맡겨졌다. 다른 한편으로 당시까지 성직자에게 금지되었고 평신도들에겐 그만두게 했던 비천하거나 부정한 직업들은 도살업자나 외과의사처럼 피를 흘릴 필요가 있는 직업이나 세탁업자처럼 더러운 것을 가까이해야 하는 직업, 마찬가지로 창녀와 어울리는 것으로 의심받은 여관주인들처럼 외국인들을 만나는 것과 같은 직업은 재평가되었다. 13세기엔 색욕의 극치인 매춘과 악마의 행렬과 유사한 관행적 몸짓의 원형인 곡예만이 원칙적으로 금지된 채 남아있었다.

고대 고전주의로의 복귀 이상으로 이성에 근거하여 동시대인들을 '근대적' 혁신자와 창조자(운명적으로 대학에서 표면화한 스콜라 철학의 도약)로 만든 12세기 르네상스는 하느님의 모습을 따라 창조된 인간이라는 개념에 근거하고 있다. 일하는 사람은 죄인이라기보다는 '인간-신'인 신의 협력자로 받아들여졌다. 각 개인, 각 계급은 루이 9세 그 자신에 이르기까지 일하는 사람의 지위를 요구했다. 루이 9세는 정의의 수호자인 국왕, 평화 수호자인 국왕, 군대의 국왕이라는 "왕의 직업"을 수행했다.[27] 실질적 풍조가 일을 지배했다. "고된 일은 위업을 능가한다."는 격언은 분명 전투와 궁정의 사랑에 몰두하는 기사의 용감한 행위는 일의 가치와 존엄성 다음으로 퇴색했음을 의미할 정도였다.

근대에 중세시대를 환기시키는 가장 인상적인 인물들 중 한 명인 성 프란체스코(1181~1226년 경)는 이런 사회적 분위기 속에서 평신도들이 부끄러운 것으로 생각했던 구걸과 일 사이에서 주저했다. 일하며 살아가는 것과 시주를 받음으로써 구걸하며 사는 것, 어떻게 하는 것이 더 가치 있는 일일까? 성 프란체스코는 구걸을 선택했다. 구걸하며 사는 것이 더 고귀한 신앙심의 표출이라고 보았기 때문이었다. "기쁘게 받아들인 가난"은 그의 계율, 그의 행동지침, "헐벗었던 그리스도를 헐벗은 채"[28] 따르겠다는 그의 맹세가 되었다. 하지만 육체적인 일에 높은 가치를 부여하는 것에 대한 저항이 준비되었다. 시인 뤼트뵈프★7는 "나는 육체노동자가 아니다."라고 선언했다.[29] 그의 말에 따르면 고대의 계급에 따른 이분법을 자신에게 유리하게 재활용하면서, 귀족 계급의 문학적 소양을 사로잡은 '노동자'라는 표현을 계승하는 방식이었다. 요컨대 그는 나는 창조자지 육체노동자가 아니라고 주장했다. 지적인 일은 특히 대학에서 권장되고 전적인 지지를 받았다.[30] 노동자와 농민을 도구와 대지에 결박시키는 소유자 계급을 위해 일의 분할이 계속되었다.

비천한 일거리에 순종하는 것에 대한 반응은 다시금 『장미

★7 Rutebeuf ?~?
    13세기 프랑스 시인.

이야기』*⁸의 낙원과 같은 황금시대와 게으름에 대한 이상을 되살아나게 한 중세의 상상 속에서 발견된다. 14세기 영국 농민 반란을 지지한 설교자가 "아담이 땅을 갈고 이브가 실을 잣을 때 귀족이 어디 있었단 말인가?"라고 선언했다. 이는 당시의 상상적인 것이긴 하지만 혁명적 성향이기도 했다. 사회적 위계질

★8　薔薇-Roman de la Rose
　　13세기 프랑스 계몽문학 작품. 내용이 전혀 다른 2부로 되어 있다. 제1부(8음절시구 4058행)는 G.로리스(Guillaume de Lorris)가 1230년 무렵에, 제2부(1만 7722행)는 J.묑(Jean de Meung)이 1275~80년 무렵에 썼다. 작품의 제1부는 시인의 꿈이야기로 시작된다. 시인이 마음 속에 간직하고 있는 여성의 상징인 〈장미〉를 얻고자 고심하는 연애 이야기이다. 장미가 살고 있는 과수원에는 〈증오〉〈비열〉〈탐욕〉〈선망〉〈슬픔〉〈노경(老境)〉 등 많은 우의적(寓意的) 인물들이 지키고 있다. 시인은 〈여가〉의 안내로 과수원에 들어가 아름다운 장미를 발견하고 〈사랑의 신〉이 쏜 화살에 맞아 아망(Amant;사랑하는 남자)이 된다. 〈환대〉는 아망에게 친절을 베푼다. 그러나 〈질투〉가 장미나무와 〈환대〉의 주위에 높은 담을 둘러 쌓아 사랑의 길을 막는다. 아망이 자신의 슬픈 운명을 한탄하며 제1부는 끝난다. 궁정연애 예찬자 로리스는 유연하고 섬세한 문체를 바탕으로 하는 우의법을 구사하여 연애심리의 우여곡절을 묘사하고, 또 〈사랑의 기법〉을 설명한다. 제2부는 제1부의 형식과 인물을 계승하지만, 박학한 성직자이며 회의사상가이기도 한 묑은 이미 궁정연애에는 관심을 나타내지 않는다. 아망의 상대역인 〈이성〉〈친구〉〈자연〉 등은 반대로 여성의 악덕을 지적하여 전통적인 여성예찬을 공격하는 외에, 결혼이나 기사도(騎士道) 또는 탁발수도회를 신랄하게 비판하고 더 나아가 왕국의 기원에 관해서도 대담한 논진(論盡)을 펼친다. 작가의 백과적 지식의 개진이 이야기 줄거리의 흥미를 떨어뜨리기는 하지만 마지막에 아망은 〈자연〉과 〈제니우스(생식의 신)〉의 힘을 얻어서 〈사랑〉의 군세(軍勢)에 의해 장미를 차지하고, 꿈에서 깨어나면서 이야기는 끝난다. 묑의 주장은 인간은 신이 창조한 자연에 복종해야 하고, 연애와 결혼은 생식을 목적으로 한 행위에 불과하다는 것이다. 그리스도교적 자연법사상이 제1부의 궁정풍 과수원의 이상과 날카롭게 대립한다.

　　〔장미이야기 논쟁〕
　　『장미이야기』는 당시의 지식인들 사이에 큰 반향을 불러일으켰고, 특히 제2부의 여성 공격은 찬동자와 반대자의 논쟁으로 발전하였다. 찬동파 J.몽트뢰이유(Jean de Montreuil) 대 반대파 여류시인 C.피장·J.제르송의 논쟁이 특히 유명하다. 피장은 「사랑의 신에게 바치는 서간시(1399)」로, 제르송은 「제르송의 의견(1402)」으로 각각 논진을 펼쳤다. 논쟁은 15세기에 F.라블레의 「제3의 서(書)」에서 크게 다루어졌는데, 『장미이야기』 제1부에서 제2부로의 급격한 변화는 프랑스사상사에 새로운 행동원리의 출현을 알리는 것이었다.

서를 거부하고 인간의 조건은 귀족 계급이 게을리 했던 일에 기초해 있다는 결론을 끌어내는 방식이다. 결과적으로 귀족 계급에 더 큰 이익이 되었다.

눈물의 재능

"나는 나의 젊은 시절을 우울하게 했지만 역사가에겐 아주 적합한 멋진 병을 앓았다. 나는 죽음을 사랑했다. 나는 당시 나의 유일한 산책길인 페레-라쉐즈의 문 앞에서 9년을 살았다. 매장된 사람들을 친구삼아 과거의 사람들과만 교류하는, 일반적으로 은둔했다 할 수 있는 삶을 살았다. 이어 나는 수도원들의 큰 마당과 다른 묘들의 한 가운데 있는 비에브르 쪽에서 생활했다. 죽은 사람들의 전설을 다시 만들면서 나는 그들에게서 사라진 수많은 것들을 되살려냈다. 내가 비밀로 간직하고 있는 어떤 유모의 노래들은 확실한 효과를 갖고 있었다. 어조에서 그들은 내가 자신들 중 하나였다고 믿었다. 루이 9세가 요구했지만 얻지 못했던 재능인 '눈물의 재능'을 나는 갖고 있었다."

쥘 미슐레의 문장이다. 죽은 자를 되살리는 정의의 기사인 낭만주의 역사가가 1869년『중세시대』에 쓴 서문에 수록된 이 문장은 젊음이라는 '질병'과 따로 떼어낼 수 없지만 또한 일종의 축복이기도 한 '눈물의 재능'이라는 방식을 이야기하고 있다. 카페왕조의 왕에 대해 그는 확인된 사실을 강조하며 아킬레스 근인 약점을 드러내고 있다. 다시 말해서 루이 9세는 눈물을 흘리는 데 어려움을 겪었지만 눈물을 사랑했다. 슬픔을 지극히 소중하게 생각하기까지 했다. 왜냐하면 슬픔은 자기의 헌신에 대해 하느님이 베풀어주신 증거로 뺨에 정화된 물을 솟아오르게 함으로써 하느님이 순종과 고행의 자기 삶을 인정한다는 표시였기 때문이다. 그렇지만 루이 9세의 고해신부인 제프로이 드 보리외는 "너그러운 국왕은 이상하게도 눈물의 은총을 갈망하며 고해신부에게 자신은 눈물을 흘릴 수 없다고 불평한다. 고해신부는 그에게 너그럽고 공손하게 개인적으로 사람들은 신도송에서 다음과 같은 말을 한다고 말한다. 즉 '인자하신 주께 간구하나니 저희들에게 눈물의 샘을 주소서.' 성스러운 왕은 경건하게 말한다. '그렇기는 하지만 주여 저는 감히 눈물의 샘을 간청하는 것이 아니라 마른 저의 심장을 적실 작은 눈물방울이면 족하나이다.' 그리고 때때로 그는 고해신부에게 개인적으로 하느님께서 때로 기도 중 어떤 눈물을 허용하신다고 고백했다. 다시 말해서 입술까지 자신의 뺨에 눈물이 흐른다고 느꼈을 때 그는 심장만이 아니라 맛으로도 아주 천천히 눈물을 음미했다."

때로 누그러진 왕에게 허용된 눈물의 기쁨은 사람들이 무미건조한 회개라고 말할 수 있는 것에 직면한다. 왜냐하면 루이 9세는 전기 내내 울고 있지는 않지만 수도원의 전통이 공덕, 보답, 고행에 대한 대가로 생각하는 것만은 아닌 끊임없이 "눈물의 원천" 다시 말해서 신이 허락하신 은총의 표시를 간청하고 있다.

인간의 슬픔과 고통에 대한 가장 공공연한 표명이 어떻게 하나의 가치가 되었을까? 이러한 거대한 이데올로기 억압의 조작자는 다시 한번 기독교이다. 역사가 피로스카 나지가 중세 시대 눈물의 재능에 대한 연구에서 환기하고 있듯이 새로운 국가의 종교는 "그리스도가 설교한 가치들에 대한 전도"[31]에 착수했다. 구약 성경에서 더 높은 가치를 부여받은 —— 그리스도는 「산상수훈」에서 "눈물을 흘리는 자에게 복이 있나니 그들은 위로받을 것이기 때문이다."라고 말했다 ——, 눈물은 '육체적 금욕'에 포함된다. 서구에서 '육체적 금욕'은 중세시대 몸에 대한 새로운 역사가 기록될 때 일어나고 있다.

시리아와 이집트 사막의 교부들은 최초로 눈물을 정신적 삶의 중심이 되는 것들 중 하나로 만들었다. 호전적 기독교인들에게 "몸과 직접적으로 관련되어 있는 인격 구조를 완전히 재구성"[32]할 필요가 있었다. 270년 경 안토니우스[*9]와 3세기에

[*9] Antonius 251~356
이집트 은수사(隱修士)·성인. 이집트 멤피스부근 출생. 〈수도생활의 아버지〉라 불린다.

서 4세기의 은둔한 수도사들에 의해 시작된 금욕주의적 이상은 조금씩 중세 수도원제도의 모델이 되었다. 피로스카 나지의 지적처럼 "눈물과 눈물의 의미에 대해 더 높은 가치를 부여한 것은 기독교가 몸에 야기한 결과와 밀접한 관계가 있다. 눈물을 흘리는 것에 대한 강론이 고대 말 기독교에서 육체적 금욕에 기여했다. 하지만 눈물을 흘리는 것에 대한 강론은 무엇보다 눈물이 금욕주의자가 억제해야 할 체액의 경제적 사용에 포함되어 있기 때문이다. 음료를 마시지 않으면 몸에 존재하는 액체의 양이 줄고 따라서 죄에 대한 충동이 줄어든다. 마찬가지로 눈물을 흘리게 되면 몸 안에 있는 액체를 배출하게 되어 성관계 중 몸에 의한 부정한 액체의 사용을 피하게 한다."

하지만 눈물은 그레고리우스 개혁의 수도원 사회에서 다른 의미를 갖게 된다. 몸에 대한 거부와 그리스도의 강생 사이의 긴장은 어떤 육체성에 유리하게 눈물의 의미가 전환되게 한다. 눈물은 그리스도가 인간으로 강생하는 것을 따른다는 표시가 된다. 예수는 성경에서 3차례 되풀이해 눈물을 흘린다. 첫 번째는 친구 라자로가 죽었을 때다. 라자로의 누이 마르타와 마리아의 눈물, 모여서 울고 있는 유대인들의 눈물로 감정이 격해져 그를 소생시키기 전 "예수께서 눈물을 흘리시더라."(요한복음 11장 35절). 두 번째는 예수가 예루살렘에 들어가 파괴가 예정된 이

도시의 운명에 대해 탄식할 때였다. "가까이 오사 성을 보시고 우시며 이르시되 너도 오늘 평화에 관한 일을 알았더라면 좋을 뻔하였거니와 지금 네 눈에 숨겨졌도다."라는 문장을 누가 복음에서 찾아 볼 수 있다. 그리스도가 눈물을 흘리는 또 다른 순간은 자신이 십자가에 못 박히기 전날 밤 예루살렘 동쪽에 있는 감람산에서다. 당시 그는 한창 기도 중이었다. 이 에피소드는 특히 충격적이다. 왜냐하면 그리스도가 자신을 위해 눈물을 흘리고 있기 때문이다(히브리서 5장 7절). 예수가 자신을 위해 눈물을 흘리는 것은 어쨌든 예수가 아버지께 버림받을 수도 있다고 생각하며 자신의 수난에 대한 눈물을 흘리고 있는 '육체적 정신적 쇠약'과 관련이 있다. 누가 복음은 다른 버전을 제시하고 있다. 예수가 '힘쓰고 애써 더욱 간절히 기도하시니 땀이 땅에 떨어지는 핏방울 같이 되더라."(22장 44절) 체액의 상징은 다시 한 번 충격적이다. 또한 몸은 신과 인간 사이의 매개 수단이 된다.

그리스도의 눈물에서 요한의 예언적 눈물에 이르기까지 구약 성경은 교회가 눈물에 적극성을 부여하기 위해 충분히 활용하게 되는 중요한 소재를 제공한다. 눈물의 재능은 11세기부터 신성함의 기준이 되기까지 했다. 공덕이든 재능이든, 미덕이든 은총이든 아비투스 habitus(토마스 아퀴나스에 따르면 습관적 성향)든 자비든 독실한 사람들은 눈물을 찾았다.

그렇지만 눈물의 재능에 관심을 보이지 않았던 중세 시대 초의 상황 —— 회개의 눈물을 권장한 성 베네딕트의 규칙에도 불구하고 —— 은 달랐다. "당시에 기독교화의 정도에 따라 설명되는 상황, 다시 말해서 주된 관심사는 전문가, 수도사들조차 조금씩 관심을 가졌던 내적인 성찰보다는 의식적(儀式的)이고 집단적인 외적인 기독교화였다"[33]

은둔 수도사 피에르 다미앙(1007~1072), 오스티의 추기경, 그리고 장 드 페캉프(1078년 사망)와 같은 수도원제도 개혁자들과 함께 천년 경 전환점이 이루어졌다. 예를 들어 장 드 페캉프는 『눈물의 은총을 위한 기도』에서 성적인 것이라고 말하지는 않더라도 현대의 독자들이 관심을 가질만한 육체적인 측면의 양면성에 대한 아주 정신적인 기도를 남기고 있다. 즉 "온화하신 그리스도, 선하신 예수님 제가 간구하듯이, 저의 온 영혼이 기도드리는 것과 같이 성스럽고 순결한 당신의 사랑을 주소서. 당신의 사랑이 저를 충만하게 하고, 저를 지키고, 저를 완전히 지배하게 하소서. 그리고 끊임없이 흐르는 눈물의 풍부한 샘인 당신의 사랑에 대한 분명한 증표를 주시고 또한 이 같은 눈물이 저에 대한 당신의 사랑을 증명하게 하소서."

그렇지만 이러한 말을 성급하게 정신분석학적으로 해석하지 않도록 조심해야 한다. 그만큼 중세 시대의 정신적 범주는 그것의 역사적 외피, 그것의 상징적 기술로 환원될 수 없다. 확실한 것은 눈물은 신에게서 비롯된 일종의 풍요로움으로 인식되었다는 사실이다. 롤랑 바르트의 말처럼 눈물은 미셸이 부여받은 '발아 능력 pouvoir germinant'을 갖고 있다. 따라서 눈물의 재능과 은총의 눈물은 높이 평가되고 우선시 되었다. 기도와 고행의 눈물도 마찬가지였다. "이스 키 뤼제 Is qui luget" 즉 중세 시대에 수도사는 "눈물을 흘리는 사람"으로 정의되었다. 또한 어떤 고결한 여인이 그녀 곁에서 눈물의 은총을 얻기를 희망한 수도사 발터에게 "자신의 죄에 대해 눈물을 흘릴 수 없는 사람은 수도사가 아니다."라고 답했다.

따라서 미슐레가 눈물에 대해 "여기에 중세 시대의 모든 신비가 있다."라고 썼을 때 그는 옳았다. 그리고 눈물에서 고딕 시대의 중요한 특징을 보았다. 다시 말해서 그는 "중세 교회의 설립에 흘린 단 한방울의 눈물이면 중세 교회를 환기하기에 충분하다."고 기록하고 있다. 하느님의 은총을 접한 성인들과 가장 신앙심 깊은 사람들의 몸은 눈물로 뒤범벅이 되기 때문이다. "눈물은 순수한 전설들에서, 멋진 시에서 흘렸으며 하늘을 향해 쌓아 올려진 눈물은 하느님에게 오르고 싶어 하는 거대한 성당들로 구체화된다!" 1919년 미래에 감각의 역사를 예고한 역사가 요한 호이징가가 중세 시대에 고유한 "이러한 감수성, 이러한 감정의 능력, 이러한 눈물에 대한 성향"을 상기시킨 것은 적절했다. 그는 아마도 너무 빨리 "이러한 감수성, 이러한 감정의 능력, 이러한 눈물에 대한 성향"을 "당시의 삶이 가졌던 맛의 신랄함"과 "색상의 격렬함"[34] 탓으로 돌렸을 것이다. 그리고 마침내 역사적 전기적 침적물과 감정의 추적자인 롤랑 바르트는 미슐레에게서 루이 9세에게 거부된 눈물의 재능에 대한 중요성을 해석할 때 비하하지 않았다. "다른 부화환경 즉 눈물이라고 그는 기록하고 있다.[35] 눈물은 하나의 재능이다. 루이 9세는 헛되이 하느님께 눈물의 재능을 요구했다. 미슐레는 눈물의 발아능력을 알고 있었다. 은유의 눈물인 정신적 눈물이 아니라 물과 소금의 눈물로 그것은 눈에서 나와 입술로 얼굴을 적시며……." 그렇지만 중세시대의 눈물은 정신적인 것은 아니었다. 다시 말해서 눈물은 하느님을 몸에 받아들이고 성스러운 것에 이를 수 있도록 몸을 동원하는 분명 변덕스럽고 불확실한 가능성을 제공하고 있다. 17세기에 파스칼은 "기쁨, 기쁨의 눈물……"이라고 쓰고 있다. 13세기 성 프란체스코는 "기쁨 속에서의 가난"이라 말했으며 쉬아라 프뤼고니는 프란체스코를 "웃을 수 있는 성인"이라 부를 수 있었다. 성프란체스코회 수도사의 웃음은 하나의 예외다. 왜냐하면 중세 시대에 웃음은 금지되었으며 나중에 따로 복원되었기 때문이다. 웃음은 악마적 측면이다. 웃음은 사탄의 몫이었다.

웃음을 심각하게 받아들이다

유명한 저자이자 중세 시대 —— 특히 12세기와 13세기로부터 —— 찬양받았던 아리스토텔레스는 "웃음은 인간의 속성이다."라고 정의했다. 교회가 주저하긴 했지만 아리스토텔레스는 흔히 '철학자'로 불리게 되었다. 하지만 그의 웃음에 대한 정의도 적어도 12세기까지 웃음에 가해진 비난을 멈추게 하지는 못했다.

중세 시대에 웃음에 대한 비난의 이유는 웃음의 본질이 아니라 차라리 공간에서 찾아야 한다. 왜냐하면 몸은 높은 곳과 낮은 곳, 머리와 배 사이에 분할된 공간의 이미지를 벗어날 수 없기 때문이다. 고대의 철학적 전통을 수정한 중세 시대는 사실상 세상의 종말이 왔을 때 그리스도가 오른쪽에 의로운 사람들을 앉히기는 하지만 좌와 우의 분할보다는 높은 곳과 낮은 곳, 내부와 외부 사이의 대립에 기초하고 있었다. 『교육자 Le Pédagogue』라는 선구적이고 기본이 되는 텍스트에서 웃음의 옹호자를 쫓아내는 알렉산드리아 클레멘트(215년경 사망)의 행위는 『국가론 la République』에서 도시국가 밖으로 시인을 내쫓는 플라톤의 행위를 상기시킨다. 왜냐하면 웃음은 '저속한' 행동에 이르게 되기 때문이다. 몸은 고귀한 부분(머리, 심장)과 비천한 부분(배, 손, 성기) 간에 분리되어 있다. 몸은 악에서 선을 구분하는데 이용할 수 있는 눈, 귀 그리고 입과 같은 여과기를 사용한다.

머리는 영적인 측면을 갖으며 배는 육체적인 측면을 갖는다. 그런데 웃음은 배 말하자면 몸의 나쁜 부분으로부터 온다. 게다가 오늘날에도 외설적이고 야비한 웃음은 "허리 아래쪽에 있다."고 표명된다. 6세기 성 베네딕트가 영감을 받은 『스승의 계율』은 여기에서 아주 분명하다. 즉 웃음은 몸의 아랫부분으로부터 몸을 가로질러 가슴을 지나 입으로 나아간다. 입에선 외설적이고 신성모독적인 말에 못지않게 신앙심과 경건함 그리고 기도의 말이 나올 수 있다. 입은 『스승의 계율』에서 '빗장'이고 이는 웃음에 의해 전달될 수 있는 어리석은 언동의 흐름을 제지할 수 있는 '차단기'이다. 왜냐하면 웃음은 '입의 타락'이기 때문이다. 몸은 여기서 입이라는 악마의 동굴에 맞선 성벽이 되어야 한다.

역사가 존 모리알이 옳았다. 즉 웃음을 심각하게 받아들여야 하는 것이다.[36] 왜냐하면 웃음은 몸에서 비롯되고 중세 서구가 웃음에 할애한 지위를 분명하게 가르쳐주고 있기 때문이다. 그리고 서구에서 전개된 문명화 과정 전체에 걸쳐 점진적인 몸의 통합에 이은 몸의 억압은 꿈과 같은 상징적이고 연대기적인 경로를 따르고 있다. 따라서 초기인 대략 4세기에서 10세기에 이르기까지 웃음은 억눌렸다.

웃음에 대한 평가절하는 무수히 많은 원인에서 비롯되고 있다. 우선 그리스도는 신약성서에서 3번 눈물을 흘리기는 하지만 웃지는 않는다. 성 바실은 신약성서에서 그리스도가 웃지 않았다는 사실을 강조했다. 그는 수도사에게 즐거움의 절제되고 온건한 행사를 권고한 기독교도이면서 위대한 그리스인 입법의원이었다. "357년과 358년 사이에 작성한『중대한 계율들』에서 복음이 전하기를 주께서 걱정과 같은 인간의 본성에서 분리될 수 없는 모든 육체적 정열을 떠맡고 계십니다라고 기록하고 있다. 주께서 개성의 힘을 나타내는 감정을 떠맡고 계신다. 예를 들어 주께서 애통해하는 이에게 사랑을 보이신다. 어쨌든 복음의 이야기들은 그 점을 증명하고 있으며 결코 주께서는 웃음에 양보하지 않았다. 오히려 주께선 웃음에 지배된 사람들은 불행하다는 사실을 명백히 보여주셨다." 문제는 지엽적인 것이 아니었다. 13세기 파리 대학은 '신학상의 논쟁'으로 불린 대중에게 공개된 토론회의 중 하나에서 이 문제에 대해 토론했다. 이 회의를 통해 아리스토텔레스의 정의 —— 웃음은 인간의 속성이다 —— 를 옹호하는 사람들은 그리스도의 삶 —— 전혀 웃지 않는 —— 에서 귀납되는 것처럼 보이는 태도에 반대했다. 하지만 수도사적 삶의 겸허한 침묵(taciturntas)을 깨는 웃음의 위협에 대해선 『스승의 계율』이 6세기부터 적용되었다.

때로 다른 계율들이 더 미묘하게 존속되었다. 성 페레올 뒤제스의 계율은 "수도사는 거의 웃어서는 안 된다."고 공포했다. 콜롱방(615년 사망)의 계율은 "군중 속에서 다시 말해 미사에서 몰래 웃는 사람은 6대의 매질에 처해지게 된다. 웃음을 터뜨리면 용서받을 만한 방식으로 웃지 않는 한 금식하게 될 것이다."라고 규정하고 있다. 『스승의 계율』은 오랫동안 기독교적 인간론과 생리학에서 웃음에 대한 억압의 흔적을 남기고 있다. 다시 말해서 스승의 계율은 "인간의 도구는 우리의 보잘 것 없는 작은 몸이다."라고 말한다. 성직자가 집중하고 있는 악마적 웃음에 대해 이 '작은 몸'만이 입의 문을 닫을 수 있다. 스승의 계율은 계속해 "우리는 한결같이 쓸데없이 웃음을 불러일으키는 우스꽝스러운 말을 입 밖으로 내지 말 것을 요구하며 제자들에게 웃음이 나게 하는 화제를 입에 올리는 짓을 허용하지 않는다."고 말하고 있다. 성 베네딕트의 『계율』은 수도원제도 창시자들의 원칙들 중 하나인 수도사의 겸손을 방해하고 침묵을 깰 위험에 대해 강조하고 있다.

하지만 12세기 경 웃음은 더 한층 통제되어 있었기 때문에 조금씩 재평가되게 된다. 토마스 아퀴나스는 세속의 웃음은 천국의 행복에 대한 전조로 평가하고 웃음에 긍정적인 신학적 지위를 부여한 스승 알베르투스 마그누스를 따랐다. 특히 성경이 웃음을 비난하는 것 못지않게 웃음을 권장하는 이유들도 보여주고 있기 때문이었다. 히브리어가 내포하고 있는 두 가지 유형의 웃음에서 근거를 찾은 대안이었다. 첫째는 즐거운 웃음이란 사카 sakhaq, 두 번째는 조소인 라크 laag이다.

구약성경은 하느님이 아브라함의 아내인 사라에게 그녀와 그녀의 남편인 늙은 아브라함이 아들을 갖게 될 것이라고 알리자 사라는 웃기 시작한다. 86살 먹은 여인과 100살 먹은 남자에게 제시된 예언은 사라의 폭소를 유발한다. 약속된 아들이 태어나자 그에게 사카 sakhaq에서 유래한 말 다시 말해서 조소가 아니라 즐거운 웃음에서 유래한 '웃음'을 의미하는 이삭이라는 이름이 붙여진다. 대단히 긍정적인 인물인 이삭은 웃음을 재평가할 수 있게 한 성경 속의 인물이다. 때문에 웃음은 선택받은 사람들의 속성으로 인식될 수 있으며, 사람들이 지향하고 갈망하는 상태로 생각될 수 있다. 수도원의 압력이 약해진 교회는 웃음을 억압하기보다는 웃음을 통제하게 된다. 그리고 선과 악, 신과 악마를 분리시킨다. 합법적인 웃음과 현자의 웃음은 미소이며 일반적으로 미소는 중세 시대의 발명이었다고 말할 수 있다. 하지만 미소는 그 특성상 약화된 웃음과도 다르다 할 수 있다.

억눌린 웃음에 대해 다른 것과 겹쳐지는 부주제는 이미 수도원에서 떠돌았던, 성경에 대해 빈정거리는 '수도사들의 유희'(joca monacorum)를 통해 실제적으로 이미 존재하고 있다. 중세의 영주들은 기사들이 자신의 호전적 용기를 과장한 마르세이유 이야기로 불린 '수다 gab'와 무관했다. 당대의 연대기 작가인 조앵빌은 루이 9세는 거의 1세기 앞선 영국의 헨리 2세처럼 농담하며 잘 웃는 왕이라고까지 말하고 있다. 사람들이 사투리에 더 잘 웃는다면 그것은 부분적으로 라틴어가 13세기부터 어미를 변화시키고 있었기 때문이다. 따라서 미하일 바흐친의 말처럼 "웃음의 문화"는 중세 사람들이 "사육제의 군중이 연루된 공공장소에서 삶의 지속성을 느끼는 도시에 자리 잡았다. 사육제에서 사람들의 몸은 온갖 연령과 온갖 사회적 신분에 속한 사람들의 몸과 접촉했다." 금식 기간 전 웃음은 대중적 축제, 미치광이들의 축제, 바보들의 축제와 다른 사육제나 다른 소란한 즐거운 날의 관점에서 이해되었다. 바흐친은 계속해서 "지나갔거나 임박한 단식과 극명하게 대조되는 웃음과 몸의 해방"이라고 말하고 있다. 문학은 이러한 해방, "우스꽝스러운 몸"의 열광을 증언하고 있다. 16세기 라블레의 웃음은 르네상스 찬미자들에게는 유감스럽게도 중세의 웃음이었다.

감시 받은 꿈들

고대시대에 꿈에 대한 해석은 일반적인 관습이었다. 축제 때 시장에서 통속적인 예언가는 자신들의 직업에 종사하며 요즘의 점쟁이와 다른 카드 점을 치는 사람들과 약간 비슷한 방식으로 싼 가격에 시민들의 꿈을 해석해주었다. 자신들의 집이나 신전에서 직업적 해석가들은 도시 국가 사람들에게 실제 전문가로 꿈의 의미에 대한 열쇠를 제시했다. 꿈으로 점을 치는 사람들은 제물의 내장을 보고 점을 치는 예언가나 새가 나는 것을 보고 예언을 하는 신관들인 점복관 만큼 존경받지는 못했겠지만 일반적으로 신뢰를 얻었고 상담을 요청받았다.

그리스 로마 고대 이교문명의 꿈인 환영, 유령이나 귀신은 죽은 자의 세계에서 유래한다. '거짓' 꿈과 '진짜' 꿈은 오디세우스의 아내 페넬로페이아가 꿈의 문인 거짓 꿈이 나오는 상아로 된 문과 실현되는 꿈이 나오는 뿔로 된 문, 두 개를 식별한 『오디세이아』에서의 호메로스처럼 조심스럽게 구분된다. 또는 『아에네이스』와 호메로스의 자취에서 거짓 꿈과 예고하는 꿈을 구분하는 베르길리우스에게서처럼 구분되고 있다. 무수히 많은 이론들이 더 큰 가치부여와 중상모략 사이에서 흔들리고 있다. 피타고라스, 데모크리토스와 플라톤은 꿈의 진실성을 믿었다. 디오게네스와 아리스토텔레스는 꿈을 평가절하고 꿈을 믿지 말 것을 권고했다. 『점족에 대하여』에서 꿈의 세 가지 원천인 인간 불멸의 영혼과 신들을 구분한 키케로의 유형론처럼 많은 유형론들이 확립되었다.

고대인들은 마찬가지로 성질에 따라 꿈을 분류하고 꿈을 꾸는 사람들 사이에 등급을 확립했다. 매크로브(360~422)가 가장 성공한 꿈의 개론을 이교 문화에 제공한 것은 4세기 말이다. 『스키피오의 꿈에 대한 해석』에서 고대 철학과 과학 보급자 집단의 일원인 자유 기고가와 백과전서파는 꿈을 솜니움 somnium, 비지오 visio, 오라퀼룸 oraculum, 인솜니움 insomnium과 비숨 visum 다섯 가지 범주로 구분했다. 이들 중 두 가지는 "어떤 유용성이나 의미"도 없다. 첫 번째 것은 방해받는 잠인 인솜니움 insomnium으로 이것은 정신분석학자이자 프로이트의 전기를 쓴 어네스트 존스[37)]에겐 악몽이 되었다. 두 번째는 환상의 형태인 비숨 visum으로 환상적인 몽환상태의 방황이다. 이것은 호메로스와 베르길리우스의 범주를 이어 말하자면 '거짓' 꿈들이다. 다른 세 가지는 미래를 예시하고 있다. 솜니움 somnium은 이해할 수 없는 꿈으로 모호하게 가려져 있는 식으로 그리고 예언적인 비지오visio는 확실한 방식으로 미래를 예시한다. 그리고 마지막으로 신탁에 의한 꿈인 오라퀼룸 oraculum은 앞으로 일어날 사건을 부모, 성직자, 심지어 신을 통해 잠을 자는 사람에게 분명하게 예시한다.

이교와 기독교적 해석이 혼합되어 있던 시기 다시 말해서 2세기에서 4세기에 이르기까지 사람들은 명백한 이익(하느님이나 순교자와의 접촉으로 인해 개종하는 꿈), 분명한 근심과 불확실성 사이에서 동요했다. 이단에 가까웠던 테툴리아누스는 210년과 213년 사이에 기독교가 지배한 서구에서 최초로『꿈 개설』을 제시했다. 시대의 의문에 충실하게 잠과 죽음 사이에서 잃어버린 몸과 영혼이 존재하는 '무인지대 no man's land'는 그를 불안하게 하고 있다. 하지만 테툴리아누스는 꿈을 성인 남자의 특성으로 보기를 거부한다. 왜냐하면 꿈은 그에게 어린아이나 야만인들에게서도 박탈될 수 없는 보편적인 인간적 현상이기 때문이다. 테툴리아누스는『영혼에 관하여 De anima』에서 "한번쯤 믿을 만한 환영을 느끼지 못할 정도로 인간의 조건에 대해 무지한 사람이 있을까?"라고 스스로에게 질문을 던지고 있다. 테툴리아누스는 이어 꿈의 원천인 악마, 하느님, 영혼과 몸에 따라 자신이 분류한 꿈의 유형을 심사숙고하여 구성하고 있다. 그에 따르면 잠에서 깨기 전 꾸는 꿈은 잠을 자는 사람의 자세와 영양상태에 결부되어 있다. 절도 있는 삶은 황홀한 꿈을 꿀 수 있게 도와준다.

기독교가 4세기부터 지배 이데올로기로 강요되었으며 지배력을 행사하고 있는 종교가 인간의 가장 수수께끼 같은 현상들 중 하나인 꿈에 대한 의문을 피해갈 수는 없었다. 특히 고대 그리스 로마 이교 문화의 유산은 걱정스럽고 불안하게 했다. 왜냐하면 그리스 로마 시대처럼 더 이상 선과 악의 수호신은 존재하지 않았기 때문이다. 천사와 수호신들 다시 말해서 한편으로 하느님의 군대와 다른 한편으로 사탄의 간교함만이 존재한다. 또한 흔히 인간에게 '몽정'을 하게하고 하느님과 인간 사이를 방해하고 하늘의 중재를 무시하게 하는 것은 바로 사탄의 화신이다. 기독교는 몸에 불가분 결부되어 있는 꿈을 사탄의 승리로 치부하게 된다.

꿈이 배척된 또 다른 이유는 기독교가 제도화되면서 그리스 로마 시대 고대 이교 문명에서처럼 미래의 발전을 인정하는 탐욕스러운 인간이 아니라 유일하게 꿈은 미래를 알 수 있는 하느님에 속하기 때문이었다. 314년 최초의 앙카라 공의회는 "이교도의 관습에 따라 징조나 새점, 혹은 꿈이나 다른 모든 유형의 점술을 평하는 사람들, 해몽가들을 자기 집에 받아들여 마술로 꿈에 대해 알아보게하는 사람들은…… 5년 간 죄를 고백하고 회개해야 한다."는 교회 법령집을 받아들이게 했다. 꿈을 악마의 소행으로 변모시킨 것은 피안의 감춰진 진실에 대한 해석이라는 고대 그리스 로마 시대 이교도 문화에 대한 교묘한 대응이었다. 피안은 이제 성직자의 권위에 의한 통제와 중재로 이루어져야 했다.

마침내 섹스는 교회가 꿈에 대해 가장 중요시하는 의심스러운 주제들 중 하나가 되었다. 육체가 깨어나는 밤은 음란한 몸을 부추기고 자극한다. 밤은 성 안토니우스가 승리를 거둔 희생자이자 표본이 되게 된 유혹이었다. 또한 밤은 유명한 밀라노 정원의 일화에서 개종하는 첫 번째 꿈의 당사자이긴 했지만 성 아우구스티누스가 이론의 여지가 없는 주요 인물들 중 한 명이 되게 된 꿈들에 대한 일반적 불안이었다. 물론 관습적으로 사람들은 감각의 이상에 의미를 부여하기 위해 꿈 해석가, 마법사들 ── 그리고 흔히 야바위꾼들 ── 에게 도움을 청했다. 어쨌든 감시받는 꿈의 밤은 오랫동안 서구를 덮쳤다. '꿈 songe'과 '거짓 mensonge'을 비슷하게 사용했던 중세 프랑어는 이러한 의심을 반영하고 있다.

도덕적 비난이지만 사회적 차별이기도 했다. 꿈 앞에서 평등은 존재하지 않았기 때문이었다. 엘리트만이 꿈을 꿀 수 있는

'권리'를 가지고 있었다. 다시 말해서 왕들, 성인들 그리고 부득이한 경우에 수도사들만이 꿈을 꿀 수 있었다. 신약 성경에서보다 사람들이 더 많은 꿈을 꾸는 구약 성경에서 파라오는 이집트가 7가지 재앙에서 벗어나기를 바란다면 유대인들이 떠나도록 내버려두어야 한다는 사실을 꿈을 통해 알게 된다. 기독교 세계의 설립자인 콘스탄티누스 대제와 테오도시우스 황제는 꿈을 통해 적의 전선을 피한다. 콘스탄티누스는 밀비우스 다리에서 막센티우스와 전투를 시작하기 전 "이 징표를 통해 너는 승리하게 될 것이다"라는 소리를 들었다. 당시 콘스탄티누스는 하늘에서 그리스도의 십자가를 보았으며 밤에 하느님이 깃발에 십자가를 표시하라고 그에게 명령하는 꿈을 꾸었다. 마찬가지로 『롤랑의 노래』의 샤를마뉴는 4차례 반복된 예언적인 방식의 꿈을 꾸었다. 그 꿈들은 모두 결정적인 순간들에 꾼 것들이었다. 왕의 꿈만이 아니라 성인들의 꿈들도 신적인 지위로 높여졌다. 전기에 따르면 생 마르탱의 삶은 평생 정기적인 꿈을 통해 이루어지고 있다. 첫 번째 꿈은 그가 개종하게 되는 꿈이었다. 가난한 사람에게 자기 외투 절반을 나누어 준 날 밤 그리스도가 그에게 나타났다. 그리스도는 "네가 가장 비천한 사람들 중 한명에게 한 것은 네가 나에게 한 것이다."라고 그에게 말했다. 두 번째 꿈은 마르탱의 선교 행위를 나타내고 있다. 쉴피스

세베르가 이야기한 또 다른 꿈은 마르탱이 준비할 수 있도록 그의 죽음의 전조가 되었다. 성인들과 곧이어 수도사, 그들을 흉내내고 싶어 하는 영웅들도 의미 있는 꿈들에서 도움을 받았다. 하지만 나머지 다른 사람들은 꿈을 꾸지 말라는 충고를 받게 되었다.

감시 받는 꿈과 억제된 몸 다시 말해서 사람들은 과음을 삼가야 했다. 취기는 죄악에 빠진 환영을 불러일으키기 쉽기 때문이다. 성직자와 평신도들은 과식도 피해야 했다. 지나치게 음식을 많이 먹는 것도 유혹을 북돋기 때문이었다. 유혹의 육체적 형태는 중세시대에 가장 기본적인 5감들 중 하나인 환영이다. 꿈은 사람들이 그 속에서 이야기를 볼 수 있는 하나의 행위이기 때문이다. 게다가 기독교 교리는 라틴어 어원인 소므스 som-mus(잠)에서 비롯된 명사인 솜니움 somnium에 의해 지칭되는 '꿈'의 열등한 범주를 깨어있거나 잠든 상태에서 감추어진 진실을 어렴풋이 보게 하는 고귀한 '환영 visiones'과 구별했다. 그 점에 대해 중세 프랑스어는 17세기부터 '꿈 rêve'이란 단어가 합류하게 된 '몽상 songe'이란 단어만을 중시했다.

결정적인 전환점은 꿈의 민주화가 행해진 12세기부터 일어났다. 도시 혁명과 그레고리우스 개혁은 수도사의 고립과 위신을 약화시켰다. 꿈은 수도원 벽을 벗어나 신성을 잃고 인간적인 현상이 되었다. 몽상은 다시 몸을 엄습했고 심리학적 측면과 의학적 측면으로 전환되었다. 새로운 해석 및 이론들과 함께 부흥한 것이다.

환상을 보는 수녀이자 내과 의사인 빙겐의 힐데가르트[*10]는 『원인과 치료 Causae et curea』라는 제목의 개론서에서 꿈은 '좋은 기질을 가진 남자'의 일반적인 특성이라고 지적하고 있다. 그렇지만 남자와 영혼이 몸에서 분리되지 않은 여자로 남녀를 인식하고 있던 힐데가르트는 꿈의 육체성을 부정했으며 몽환증조차 인정하지 않았다. 장-클로드 슈미트는 일부 텍스트들에 실려 있는 '꿈에 대한 거부'의 기원을 잘 간파하고 있었다. 즉 "힐데가르트는 여자였기 때문에 자신이 여자임에도 불구하고 이 말들이 진실로 받아들여질 수 있도록 자신이 꾸지 않았던 이미지로 말하고 보여줄 필요가 있었다."[38]

언제나 꿈에 대한 새로운 해석은 기질 이론과 꿈을 꾸는 사람의 생리에 결부되고 있다. '악마의 환상'에 대해 힐데가르트는 꿈을 꾸는 사람들에게 "사탄을 몰아내고 인간의 방어수단을 강화하는 엑소시즘의 주문을 강조하며 사슴 가죽과 노루 가죽으

[*10] Hildegard 1098~1179
  독일 최초의 여성신비가. 귀족가문에서 태어나 유년시절부터 종교적 환상으로 평판이 났다. 은자 유타로부터 교육을 받고 1114년 무렵 수녀가 되었으며 36년 빙겐 근교 루페르츠베르크여자수도원장이 되었다.

로 환자의 몸을 십자가로 두르라"[39)]고 충고 했다. 이처럼 꿈과 의학, 정신생리학과 정신병리학이 뒤얽혔다. 파스칼 르 로맹은 꿈의 해석에 대한 기독교의 전환점을 증언하고 있는 자신의 『감춰진 보물에 대한 책』에서 "환상처럼 보이는 꿈들조차 인간에게 자신의 미래 상태에 대해 많은 것을 가르쳐준다."라고 주장하고 있다. 부흥한 중세 시대는 꿈과 연관이 있으며 분명 비잔틴인, 유대인 그리고 아랍인들에 의해 전해진 고대 과학과 문화의 영향 하에 있었다. 라틴어를 계승한 아랍인 철학자 아베로에스는 예를 들어 "꿈이 진짜인 사람들은 특히 절도 있는 기질을 가진 사람들이다."라고 말하고 있다. 동양에서 비롯된 '해몽의 열쇠'의 개화를 입증하는 이질 문화의 수용인 셈이다.

르네상스는 문학이 매개자이자 증인이 되었다. 따라서 중세 시대에 논쟁의 여지가 없는 베스트셀러 길롬므 드 로리스와 장 드 묑의 『장미 이야기』[40)]는 일인칭으로 전개하는 젊은이의 꿈에 기초한 몽환적 소설이다. "사랑이 젊은이들의 도덕적 의무일 필요가 있는 시대에 나의 나이 20번째 해에 나는 여느 때처럼 밤에 잠을 자고 있었다. 나는 깊이 잠이 들었고 그 때 아주 아름답고 즐거운 꿈을 꾸었지만 꿈속에서 정확히 확인할 수 있는 사실은 하나도 없었다. 나는 당신도 즐거워할 수 있도록 그 꿈에 대해 이야기해주고 싶으며……" 이것은 문학 기법과 관련되어 있지만 어조, 사회적 위치, 개념의 변화를 분명히 나타내고 있다.

고대에서 나타나고 성 아우구스티누스의 『고백록』으로 기독교 세계에서 나타나기 시작한 몽환적 자서전은 수도사 오틀로 드 생-에메랑(1010~1070년경)과 젊은 수도사 길버트 드 노장(1055~1125년경)의 개종 이야기처럼 많은 이야기들을 통해 중세 시대에 나타나고 있다. 혹은 13세기 독일 문학의 전형적인 농부인 아버지 헤름브레히트의 꿈에서도 나타나고 있다. 그는 탈선한 아들을 4개의 '우화적'(다시 말해서 현학적 해석에 의지하지 않는 수수께끼 같은) 혹은 '정리(定理)적'(꿈이 예고하고 있는 것들을 직접적으로 보게 하는)[41] 꿈들을 통해 옳은 길로 되돌아가게 하려한다. 몽환적 자기성찰은 확대되고 '문학적 주체성'[42]이 명확히 드러나며 인간적 주제가 승인받기에 이른다.

그렇다고 꿈에 대한 새로운 경향 때문에 몸이 더 이상 영혼의 거처로 받아들여지지 않게 되었다는 의미는 아니다. 또한 『장미 이야기』는 잠든 몸을 떠나 방황하는 영혼에 대한 경계로 읽혀질 수 있다. "그렇게 해서 광기에 빠진 많은 사람들이 프랑스의 산타크로스인 아봉드 부인 Dame Abonde과 함께 밤을 떠도는 에스트리 estries(마녀들)의 존재를 믿었다. 그들은 3번째 아이들은 일주일에 3번 그곳에 갈 수 있는 능력을 갖고 있다고 말했다. 그들은 열쇠나 창살을 두려워하지 않고 집과 시장이 열리는 장소를 매개로 창, 작은 환기구멍, 하녀를 통해 들어가기 때문에 모든 집으로 흘러 들어간다. 그리고 그들은 자신들이 목격한 기이함은 자신들의 침실에서 온 것이 아니며 세상을 달리고 움직이는 것은 그들의 영혼이라고 말함으로써 그 점을 증명하고 있다. 또한 그들은 밤의 여행 중 사람들이 그들에게 몸을 되돌려줄지라도 영혼은 몸으로 다시 들어갈 수 없다고 사람들이 믿게 만든다. 하지만 여기에 끔찍한 광기와 비현실적인 것이 있다. 왜냐하면 인간의 몸은 죽어 있고 그 때 몸은 더 이상 그 자체로 영혼을 갖고 있지 않기 때문이다."

중세 서구는 몽환망상을 근대화하고 체계화함으로써 고대 그리스 로마 이교 문명의 몽환망상과 다시 관계를 맺는다. 몽환 상태의 몸짓이 조금씩 창출된다. 대부분의 중세 이미지들에서 오른 팔을 베고 오른 쪽으로 침대에 누워 꿈을 꾸는 사람을 찾아볼 수 있다. 구속이 없는 몸의 기만에 반하는 제어된 몸의 자세 다시 말해서 꿈을 꾸는 사람의 몸짓은 중세 판화에 조심스럽게 코드화되어 신의 개입에 대한 기다림을 표현하고 있다. 꿈을 꾸는 사람들에 대한 그림과 전기가 많기는 했지만 16세기 알브레히트 뒤러(1525)의 수채화를 통해 비로소 화가가 자기 고장을 덮친 홍수를 본 악몽인 몽환적 그림이 나타난다. 알브레히트 뒤러는 자신의 그림 아래쪽에 "그 지방을 덮친 첫 번째 강우가 아주 가까운 곳에 이르자 겁에 질려 잠에서 깨어 전신을 떨었다. 오랜 시간이 지나서야 다시 기력을 회복할 수 있었으며 노호하는 소리와 함께 그 지역은 이내 초토화되었다. 아침에 일어나 내가 본 것들을 그대로 그렸다. 어쨌든 하느님은 완벽하시다." 라고 기록하고 있다. 12세기와 13세기 사이에 인간화되고 합리화되긴 했지만 꿈은 성배였고 하느님은 여전히 합목적성으로 남아 있다. 이는 다른 한편으로 지옥과 천당 사이의 중간에 있는 연옥의 발명에서 결정적이 되었으며 12세기 후반기에 기독교가 발명한 이 제 3 의 장소에서의 환영이 신도들을 사로잡았다.

2
중세 시대의 삶과 죽음

중세 시대에 산다는 것 그리고 죽는다는 것은 무엇일까? 이 제 정신사와 역사 인류학이 중세 몸과 일상생활의 영역을 모험 하고는 있지만 이런 의문에 분명한 해답을 제시하기는 여전히 어렵다. 기독교 지역에서 사회적 신분과 종교적 제약에 따라 형 성되는 '삶을 살아가는' 방식은 다양했으며 15세기에 들어 중 단되긴 했지만 오랜 중세 시대를 걸쳐 변화했다.

 한편으로 요한 호이징가가 선구적이며 특이한 자신의 책 『중 세의 가을』에서 말하고 있는 '삶의 신랄한 맛'이 있었다. 호이 징가는 1919년 "지금부터 5백 년 전 세계에서 삶의 사건들은 더 두드러진 모습으로 뚜렷하게 드러났다. 역경에서 행복에 이르는 길은 멀어 보였다. 모든 경험은 여전히 어린아이처럼 즉각적이고 절대적인 등급을 가지고 있었다."라고 쓰고 있다. 호이징가가 '가을'이란 단어를 우연히 쓴 것이 아니었다. 이 역사가에게 15세기 남자와 여자의 삶은 자연의 모든 풍요로움과 모순이 심화되고 격화되는 계절과 닮아 있었다. 16세기에 시인 아그리파 오비뉴에가 쓴 것처럼 "가을 장미는 다른 세련된 것 이상이 존재한다." 따라서 호이징가는 계속해서 "역경과 궁핍에 대해 오늘날보다 더 가혹한 세계가 존재했다. 다시 말해서 중세의 역경과 궁핍은 오늘날보다 더 위험하고 더 잔인했다. 질병과 건강은 더 큰 대조를 보이고 있다. 겨울의 추위와 어둠은 더 가혹하게 느껴진 재난들이었다. 사람들은 더 탐욕스럽게 부와 명예를 즐겼다. 왜냐하면 부와 명예는 오늘날보다 훨씬 더 주변의 비참과 대비되기 때문이었다."라고 쓰고 있다.

다른 한편으로 그리고 다른 예를 들어 보자면 중세 시대의 죽음에 대해 역사가 필립 아리에스의 입장이 존재하고 있다. 그는 중세시대보다 오늘날이 더 가혹하고 더 어려우며 더 괴롭다고 생각한다. 그는 『서양에서의 죽음에 관한 에세이』(1975)에서 "결국 사람들은 수백 년 동안 혹은 수천 년 동안 죽어왔다. 변화에 순종하는 세계에서 죽음을 앞둔 전통적인 태도는 무기력과 연속성의 총량으로 나타난다. 죽음이 가깝기 때문에 친근한 동시에 무관심하기 때문에 완화되었던 죽음에 대한 고대인의 자세는 우리와는 반대된다. 우리시대에 죽음은 우리가 더 이상 감히 죽음을 말할 수 없을 정도로 공포를 불러일으킨다."고 쓰고 있다. 아리에스가 말한 '길들여진 죽음'은 호이징가가 말한 중세시대가 끝나가는 시기 사람들의 삶의 모짐과 대조를 이루고 있는 것처럼 보인다.

    여기서 의도적으로 대체적인 윤곽만이 제시되고 있는 두 가지 입장 사이에 진실이 있다고 말하는 것은 너무나 당연한 지적이다. 단지 무수히 많은 중세의 텍스트들에 의해 풍자되고 있는 연륜의 권위와 '노파'의 심술궂음 사이에서 취해지는 노인에 대한 평가를 통해, 배척되는 동시에 선택된 환자 혹은 고통받거나 영광된 시신에 대한 태도를 연구해보게 되면 여전히 중세 시대의 삶과 죽음을 분명히 할 수 있는 것을 어렴풋이 나타나게 하는 것은 몸을 관통하며 흐르고 있는 긴장이다.

· 삶의 길 ·

특히 대중적 관습을 통해 지속되는 몸의 저항에 대한 기독교의 반응은 결국 몸을 교화하고, 완고한 의사표시를 분명히 하는 것이었다. 몸을 통제하고 복종시킬 수 있는 힘이 결여된 교회는 몸을 체계 속에 편입시켜 삶과 죽음을 지배하고자 했다.

그런데 사람들은 어떤 삶에 대해 말하고 있는 것일까? 그리고 어떤 지속에 대해 말하고 있는 것일까? 이 점에 대해 특히 고고학적 조사에 의해 강화된 역사 연구들이 발전했다. 아직도 무덤 발굴을 통해 중세 시대 사람들의 평균 수명을 밝히려 애쓰고 있지만 유아 사망률은 아주 높았다고 생각할 수 있다. 그렇지만 예를 들어 섞은 이의 개수가 줄어들었다는 것은 영양 상태가 개선되었고 자신의 몸에 새로운 중요성을 부여한 당시 사람들의 영양학적 지식이 진보했다는 것을 증명해주고 있다.

평균 수명을 밝히기 위한 가장 조잡한 방법은 『신곡』의 도입부를 다시 읽는 것이다. 이 텍스트의 도입부에서 단테는 다음과 같이 쓰고 있다. "내 인생 역정의 한가운데에서……" 당시 단테는 33살이었다. 하지만 이 문장에선 어떤 과학적인 실마리도 이끌어낼 수 없다. 단테는 분명 십자가에 못 박힐 당시 그리스도의 나이와 관련이 있기 때문에 이런 글을 쓴 것이었다. 흔히 인구통계에 익숙한 역사가들은 평균수명이 대개 35살과 40살 사이였을 것으로 평가하고 있다.

삶의 시기들

반면 삶의 시기들은 그리스 로마시대에서 계승된 진정한 지식으로 중세 시대에 승격된다. 기독교는 이 같은 지식을 인간의 삶이 구원의 역사를 향하게 하는 훨씬 더 종말론적 의미로 재해석하게 된다. 아고스티노 파라비치니 바글리아니의 말처럼 "중세 문화는 그리스 로마인들이 발전시킨 삶의 시기에 대한 모든 중요한 도식들, 특히 3, 4와 7이란 숫자에 기초한 것들을 받아들이고 있다."[1]

3이란 숫자는 아리스토텔레스의 것이다. 그는 『수사학』에서 삶은 성장, 안정, 쇠퇴라는 3단계로 구성되어 있다고 생각했다. 성숙한 시기가 정점인 생물학적 호 다시 말해서 "젊음과 노년이 각각 가지고 있는 모든 유용한 기질을 완숙기는 그것들 모두를 결합해 갖고 있다. 과함과 부족함과 관련해 완숙기는 적절한 중간 수준에 있다." 일반적으로 중세 시대, 특히 단테가 자신의 설명에서 계승한 이미지이다. 단테는 성숙한 나이 다시 말해서 35살 인간의 '완벽한 본성'이 위치해 있는 "삶은 상승과 하강일 뿐이다."라고 말했다. 중세 시대엔 흔히 30대가 "완벽한 시기"로 받아들여졌다. 왜냐하면 히에로니무스가 그리스도는 "몸으로 삶의 지속 시간을 채우고" 돌아가셨다고 말했기 때문이었다. 아벨라르는 그리스도가 세례를 받은 나이에 상응하는 30살을 "완벽하게 성숙한 나이"에 위치시켰다. 따라서 그리스도가 세례를 받은 나이, 그리스도가 죽은 나이, 그리스도가 부활한 나이가 동등하게 성직자들의 이상적인 나이가 된다는 생각이 인정받게 되었다.

중세 시대에 가장 중요한 숫자 4는 그리스 철학자 피타고라스에게서 유래한 것이다. 디오게네스 라에르티오스에 따르면 피타고라스는 "20년을 주기로 인간의 삶을 4부분으로 나누었다." 히포크라테스 의학이 기술하고 있는 4가지 기질이 이 4단계 부분에 상응하고 있다. 즉 어린 아이는 축축하고 따뜻하며, 청년은 따뜻하고 건조하며, 성인은 건조하고 차가우며, 노인은 차갑고 축축하다. 병행은 거기서 멈추지 않는다. 켈수스와 갈레누스에게 원소(물, 흙, 공기, 불)와 체액(피, 담즙, 점액, 흑담즙)에서 비롯된 체질은 마찬가지로 삶의 단계들에 상응한다.

삶의 4단계는 중세 시대 특히 알베르투스 마그누스에게서 다시 발견된다. 아고스티노 파라비치니 바글리아니는 삶의 4단계는 인간의 몸에서 일어나는 중요한 변화와 더 율동적인 생물학적 견해를 고려하는 장점을 가지고 있었기 때문이라고 상기시키고 있다. 하지만 특히 이러한 그리스 로마시대의 사색들은 창세기에 기록된 것처럼 하느님이 천지창조 4번째 날에 창조한 4계절에서 완벽하게 멈추고 있기 때문이다. 그는 이어 "숫자 4는 결국 바로 그리스 로마 시대 및 중세 시대 인간학의 토대와 가장 완벽하게 결합할 수 있게 해 준다. 이 같은 인간학에 따르면 인간은 하나의 소우주 말하자면 축소된 우주이다." 상징체계는 여기서 결정적이다.

숫자 7은 마찬가지로 이시도르 드 세빌이 계승한 그리스의 유산이다. 그는 탄생에서 7살(infantia), 7살에서 14살(pueritia), 14살에서 28살(adulescentia), 28살에서 50살(juventus), 50살에서 70살(gravitas), 70살 이후(senectus) 그리고 노쇠에 상응하는 세니움 senium이란 단어로 지칭되는 그 이상으로 구분하고 있다.

삶의 5단계와 6단계는 교회 교부들의 유산이다. 중세 말엔 14세기 익명의 시「12달을 상상하라」가 설명하듯 삶의 12단계를 생각해냈을 뿐이다. 이 시는 인간의 신체적 발전을 한해의 전개에 빗대고 있다. 중세시대는 이처럼 그리스 로마인들의 생물학주의를 보존하고 있지만 상징적인 교정을 통해 그것을 넘어서거나 약화시키고 있다. 기독교인들은 더 이상 쇠퇴가 아니라 하느님의 왕국을 향한 끊임없는 행진에 대해 이야기한다. 아우구스티누스에 따르면 노인은 영원한 삶이 준비된 새로운 인간으로 받아들여지기까지 했다.

"그들은 동침했을까?"

역사가 이레네 마루는 "음유시인들이 노래한 연인들은 동침했을까?"라고 자문하고 있다. 조르주 뒤비는 같은 의문을 제기하고 있다. 이 의문에 대한 해답은 아직 주어지지 않고 있다. 중세 시대엔 몸과 사랑의 관계가 분명하지 않았기 때문이다. 한편으로 궁정소설은 사랑을 찬미했고 다른 한편으로 교회는 사랑을 격렬하게 비판하거나 11세기부터 규정지어지게 된 결혼의 엄격한 틀로 제한했다.

하지만 문학은 분명 현실을 아름답게 꾸미고 있다. 기사도적 사랑이나 '궁정'의 사랑은 소설이나 노래가 그리고 있는 것과 같은 몸의 떨림이나 심장의 두근거림에 거의 호의적이지 않은 시대의 성적 정열의 결핍을 호도하는 식이었을 것이다. 12세기 연대기작가인 푸쉐 드 샤르트르의 증언처럼 비록 수많은 십자군이 인구증가가 초래한 금욕기간에 직면하여 여자를 취하기 위해 예루살렘으로 떠나긴 했지만 전쟁과 십자군은 로맨스의 여지를 거의 허용하지 않았다.

이 이야기들에서 시선 ── 그 같은 견해가 어떤 관점에서 중세시대에 가장 중요한 의미인지 다시 한번 보여주고 있는 ── 이 오가면서 첫눈에 반하게 된 이후에 연인들은 연이어 탄식하고 애원하고 한번의 입맞춤으로 끝난 연인, 그리고 마침내 관능적인 연인이 된다. 『장미이야기』는 성적 쾌락에 대한 미묘하고 탁월한 교훈을 주기까지 한다. 즉 "그리고 그들이 행동을 시작할 때, 그들 각각은 아주 능숙하고 정확하게 이 일을 하고, 엄청난 쾌락이 동시에 서로에게 일어나며…… 한사람만이 쾌락을 느껴서는 안 된다. 항구에 함께 닿을 때까지 항해를 멈추어서는 안 된다. 그 때에야 비로소 그들은 완벽한 쾌락을 알게 된다."

성적 쾌감과 방종, 에로티즘과 애무, 궁정 이야기는 흔히 트리스탄과 이졸데 혹은 귀네비어와 랜슬럿처럼 바로 간통에 대한 이야기였다. 하지만 교회는 흔히 결혼을 성사시키기를 원하는 가족의 도움을 받아 평신도들을 금욕주의적 도덕으로 바꿀 수 있도록 하기 위해 잘못을 몰아붙이는 고해신부들의 완곡한 수단을 통해 감시하고 있었다. 그렇지만 결혼은 12세기부터 서로 동의해야 했다. 교회는 장-루이 플랑드랭의 말처럼 연간 91일에서 185일 사이의 "포옹의 시기"를 인정했다. 심장의 사육제는 몸의 사순절 하에 드러나고 있다.

관례적인 표현은 어느 정도 비약적이고 모호했지만 중세 시대는 분명 우리가 사랑이라고 부르는 것에 무관심했다. 사랑이라는 단어는 경멸적인 뜻을 나타내기까지 하고 있었다. 아모르 Amor는 탐욕스럽고 야만적인 정열을 의미하고 있었다. 카리타스 caritas라는 말이 사랑이라는 단어보다 선호되었다. 카리타스 caritas는 이웃(흔히 가난하거나 병든 사람들)에 대한 일종의 동정심을 내포하고 있지만 어떤 성적인 고려에서도 벗어난 헌신을 부각시켰기 때문이다. 음유시인들은 물론 이상적 사랑 fin' amors을 노래했다. 이상적 사랑은 중세 프로방스 궁정에서 일어났기 때문에 일반적으로 궁정풍이라 불렸던 우아한 사랑이었다. 하지만 카리타스 caritas를 위한 아모르 amor에 대한 경시는 변하지 않았다. 중세시대의 남녀가 가슴의 두근거림이나 몸의 떨림, 육체적 쾌락과 사랑받는 존재에 대한 애착을 몰랐다는 의미가 아니라 현대적 감정인 사랑은 중세 사회의 기초가 아니었다는 것이다.

엘루아즈와 아벨라르만이 예외적이었던 것처럼 보인다. 그들은 독창적이기까지 했다. 그들이 교환한 서신의 진실성은 거의 확실하게 사랑의 감정을 표현하고 있다. 예를 들어 엘루아즈와 아벨라르는 결혼이라는 관습적 규범에서 벗어나 있다. 하지만 15살의 어린 여자인 엘루아즈와 이미 성숙한 나이의 아벨라르 간의 결합이라는 특별한 사례에서도 사랑은 일인칭으로 말해지지는 않았다. 아벨라르는 엘루아즈의 보호자인 풀베르의 술책에 의해 거세된 소귀족 출신으로 엘루아즈의 스승이었다. 또한 엘루아즈와 아벨라르는 자신들의 사랑과 별개로 자신들에게서 태어난 아들을 남기게 된다.

우리는 궁정풍 사랑에서 억압된 동성애에 대한 이미지를 볼 수도 있다. 기독교는 그리스 로마인들이 관용했던 동성애를 격렬하게 비난했다. 하지만 특히 12세기에 사람들이 이 세기를 제우스에게 납치되어 신들에게 술을 따르는 트로이의 미소년 가니메데스의 시대[2]로 만들 수 있었다는 점에서 관용될 수 있는 것처럼 보였다. 또한 동성애가 15세기에 플로렌스 같은 도시에서 광범위하게 행해지긴 했지만 13세기부터 동성애는 분명하고 격렬하게 비난받았다.[3]

에로티즘이라는 단어 —— 그리스의 사랑과 욕망의 신인 에로스Eros에서 유래한 —— 가 18세기에 들어서야 현대적 의미를 갖게 되기 때문에 용어가 시대착오적이기는 하지만 중세 시대의 남녀는 에로티즘을 알고 있었을까? 그 점에 대해 의심의 여지는 없어 보인다. 노래와 우화, 조각과 미세화들엔 자유분방한 몸 전체가 관능을 자극하는 자세를 한 외설적인 인물로 넘치고 있기 때문이다.

중세 시대에는 아주 특이한 에로티즘이 발전하고 있다. 다시 말해서 동물적 에로티즘이었다. 고해 신부 입문서들은 동물들끼리 결합시키거나 아니면 은유적으로 진짜 수간으로 밝혀진 사례들 이외에도 사람을 동물에게 결합시키는 환상과 행위들의 비약적 발전을 증언하고 있다. 교회는 이러한 결합에 대해 비난하고 기소하고 처벌했다. 중세 사회에서 숲과 들판의 존재 —— 아직도 시골의 80%에 이른다는 사실을 지적할 필요가 있다 —— 가 현실과 상상 전체를 가공했다. 인접해 있다는 것과 친밀하다는 것의 관계는 상징 그리고 환상을 중시하는 세계인 동물들로 확립되었다.

  에로티즘은 또한 책의 여백, 미세화에서도 나타났다. 이곳에서 사람들은 다른 곳에서는 전혀 제시되지 않는 형태로 몸이 나타나는 것을 본다. 책의 여백은 즐거움과 기분전환, 장식의 공간이다. 책의 여백은 또한 추잡스럽거나 음란한 주제들이 꽃피울 수 있는 공간으로 특히 검열에 반대하는 공간이었을 것이다. 몸은 책의 여백들에서 본능을 발산하고 있다.[4] 따라서 에로티즘은 중세 전체를 관통하고 있는 긴장을 한층 잘 예시하고 있으며 몸에 적대적인 시대의 완고한 생각과 싸우고 있다. 호이징가, 바흐친 그리고 에코의 결정적 기여를 언급하면서 어떤 젊은 역사가가 기록하고 있듯이 "중세 시대에 발명된 에로틱한 지식의 즐거움은 양면성 다시 말해서 장르의 혼합을 부각시키고 있다. 우화들은 음란하면서도 세련되었으며 서구의 시정(詩情)은 끊임없이 감정과 관능성을 혼합하고 있다. 신과의 신비한 만남은 성관계하고 있는 주(主)에 시달리는 여성의 몸에 나타나고 있다. 랜슬럿에 대한 소설책의 여백엔 수녀가 원숭이에게 젖을 먹이고 있다. 수도원엔 돌로 된 괴물들이 살고 있다. 그때 정신은 육체에 생기를 불어 넣는다. 그리고 몸은 하나의 영혼을 갖는다."5)

마침내 아동의 탄생

중세 시대는 임신한 여성들에 대해 상대적으로 무관심했음을 증명하고 있다. 중세 시대에 임신한 여성들은 특별한 배려의 대상이 아니었다. 임신한 여성에 대한 무관심 혹은 차라리 이러한 중립성은 사회 하층계급의 여성에 못지않게 상류사회의 여성들에게서도 관찰되고 있다.

예를 들어 루이 9세는 십자군에 아내를 데리고 갔다. 한창 십자군 전쟁 중에 그는 아내가 아이를 배게 했다. 임신에 대해선 거의 주의를 하지 않았기 때문에 루이 9세가 이집트인들에게 사로잡혀 아내가 그를 되사오기 위한 몸값을 모금하고 있을 때 그의 아내는 임신 8개월째였다.

루이 9세의 아들이자 계승자인 필립 르 아르디의 아내에 대한 삶의 일화는 임신한 여성에 대한 무관심을 확인해주고 있다. 그녀는 카르타고에서 루이 9세의 마지막 십자군에 남편을 따라갔다. 왕이 된 남편이 프랑스로 되돌아올 때 그녀는 임신 중이었지만 튀니지에서 시칠리아로 가는 길을 제외하곤 육로로 이루어졌던 귀환길에 함께했다. 그리고 필립 르 아르디의 아내는 칼라브리아에서 말을 타고 비로 불은 급류를 건너다 말에서 떨어져 뱃속의 아이와 함께 사망했다. 따라서 임신한 상류 사회 여인들에 대해서도 특별한 배려가 주어지진 않았다. 임신 중에도 계속 일을 했던 농민의 아내들에 대해서는 말할 것도 없었다.

   필립 아리예스가 중세 시대 사람들은 아이에 대해 관심이 없었다고 결론지어 독자와 많은 중세시대 연구가들의 분노를 불러 일으켰을 정도로 중세 초 아이에 대한 관심은 아주 미약했다. 어쨌든 대체적으로 자신이 스스로를 직접 정의하고 있는 것처럼 이 "일요일의 역사가"[6]가 옳았다고 인정할 필요가 있다. 하지만 문제를 구분하는 것이 바람직하다. 한편으로 사람들이 어떤 문명, 어떤 민족, 어떤 시대에서나 볼 수 있는 보편적이고 항구적인 예외적 감정들 중 하나인 어머니의 사랑과 아버지의 사랑이 존재했다. 이 점에서 디디에 레트는 당연히 "중세 아버지의 전통적 이미지를 수정하는 것"을 인정하고 있다. 다시 말해서 특히 비극적 일화일 때, 중세 시대 아버지 사랑의 모든 영역을 볼 수 있는 기적 이야기들에 대한 연구를 통해 일반적으로 자녀의 몸과 영혼에 대해 무관심하고 권위적이며 절대적이라고 믿는 것이 가장 pater familias이다."

 저자는 적절하게 피렌체 가족인 아버지 필리포 디 베르나르도의 내적인 고백을 인용하고 있다. 베르나르도의 고백은 이성의 책인 그의 『회상 ricordanza』에 기록되어 있다. 이 책에서 베르나르도는 1449년에서 1450년 사이에 흑사병으로 아내와 7명의 딸처럼 외아들을 잃은 일을 상기하고 있다. 베르나르도의 부정(父情)에 대한 증언은 마찬가지로 죽기 전 완벽히 선한 기독교인으로 행동한 아들에 대한 아버지의 찬미처럼 특히 죽은 아이의 몸과 그리스도의 몸 사이에 확립된 관계를 보여주고 있다. 즉 "죽음이 가까워졌을 때 14살 6개월의 아직 새파랗게 어린 나이의 아들이 자신이 죽어가고 있다는 것을 의식하고 있는 모습을 보는 것은 놀라운 일이었으며…… 그 아이는 병중에 아주 열정적으로 3번씩이나 고해하고, 보는 사람들이 신앙심에 충만해질 정도로 회개하며 경건하게 우리 주 예수 그리스도의 몸을 받아들였다. 결국 성유를 요구하고 자기를 둘러싼 수도사들과 함께 계속해서 시편을 낭송한 아이는 참을성 있게 자신의 영혼을 하느님에게 되돌려 주었다."8)

 하지만 아버지와 어머니의 사랑 가까이에 아동이 사회에서 차지한 자리가 존재하고 있었다. 우리 세계는 특히 지중해 국가들에선 아동에게 중심적인 자리를 부여하고 있으며 특히 이탈리아에선 아동의 지위는 '자식이 왕'인 자리를 차지하고 있다.

그런데 중세 시대는 분명 아동에게 오늘날과 같은 중요성을 부여하고 있지 않다. 그렇지만 13세기부터 아동을 점점 더 중시하게 된다. 무엇보다 중세 시대에 흔히 그렇듯 강렬한 감정이 종교에서 그 근거와 정당성을 찾게 된다. 결국 아동의 승격은 어린 예수의 삶에 대해 말하고 있는 종말론적인 많은 복음서의 집필을 통한 아기 예수의 격상과 함께 이루어지고 있다. 사람들이 늘 달고 다니거나 애지중지하는 노리개 역시 증가해 미세화에서 눈에 띄거나 고고학적 발굴에서 나타나고 있다. 어린아이의 죽음에 대한 고통에 넘치는 표현이 강조된다. 반면 이전에 빈발했던 어린아이의 죽음은 무관심이 아니라 사회적으로 감정을 표현하지 않았었다.

아동에 대한 관심과 매력의 복원은 마찬가지로 중세 예배 의식과 성상화들에서 예수탄생이라는 주제가 크게 유행하는 것으로 나타나고 있다. 예수 탄생 그림은 또한 일반적으로 중세 예술 발전과 결부되면서 중세 말 훨씬 더 사실주의적 특징을 띠고 있다. 예수 탄생의 그림은 산부인 성모와 아이를 씻기는 하녀들과 함께 진짜 출산 장면이 되었다. 반면 이전의 그림들에선 어떻게 예수가 탄생할 수 있었는지 자문하고 투덜대는, 때로 우스꽝스러운 요셉의 모습을 그림의 구석에서 볼 수 있었다.

이어 중세 말에는 아버지가 예수 탄생의 그림에서 사라진다. 중세적 현실과 결부되어 "출산은 무엇보다 남자들이 참여할 수 없는 가정사였다."[9] 어린 예수에 대한 숭배가 13세기부터 발전하면서 어린 예수에 대한 암묵적 기준으로 아동을 더 잘 묘사하고 있다. 성상화는 아동의 몸과 표정이 아름다울 정도로 예쁜 것을 되돌려주는 데 집착했다. 아기천사 puutti가 종교 예술에서 증가했다. 마침내 아동의 탄생이었다.

중세 서구에선 예전보다 더 기본적인 성사가 세례였다. 태어난 이후 가급적 빨리 아이에게 세례를 주는 것이 관습이었다. 중세 시대말 특히 15세기에 아주 강렬한 공포가 강화되었다. 즉 유아가 세례를 받지 못하고 사망하는 것에 대한 두려움이었다. 토마스 아퀴나스를 필두로 많은 신학자들과 고해신부들은 피안의 세계에서 세례를 받지 못하고 죽은 어린아이들의 처지를 걱정했다. 13세기의 주요한 스콜라 철학자들은 세례를 받지 못하고 죽은 어린아이들은 낙원의 영생을 얻을 수 없게 될 것이라고 결론짓고 있다. 세례를 받지 못하고 죽은 어린아이들은 어린아이들의 연옥 limbus puerorum이라는 특수한 연옥에서 영원히 살게 된다. 세례를 받지 못하고 죽은 어린아이들은 연옥에서 어떤 나쁜 대우를 받지는 않지만 하느님의 모습을 잃게 된다.

때문에 15세기에 사람들이 사산한 아이를 인도할 수 있고 그들에게 세례를 줄 수 있도록 일시적으로 생명을 되찾을 수 있다고 전통적으로 인정되는 '유예의 성소'라는 것이 증가한다. 따라서 세례를 받지 못한 어린아이들은 연옥에서 벗어나기 위해 죽음에서의 유예에 혜택을 입게 된다. 다시 한번 그리고 더 이상 대야에 담그는 것으로 이루어지지 않을지라도 기독교인들의 기본적인 성사는 예전보다 더 육체적인 몸짓이 되었다.

노인의 위신과 악의

이미 보았듯이 중세 시대에 수명에 대한 기대는 크지 않았다. 따라서 노인은 다소 예외적인 경우로 받아들여졌다. 어떤 텍스트들은 흔히 45살밖에 되지 않은 나이 많은 인물이나 인격에 대해 이야기하고 있다. 프랑스 국왕들의 수명을 관찰해보면 50살이나 55살을 넘어 죽는 것은 예외적인 경우였다. 남녀가 더 늙도록 살아간 사회적 공간들은 더 많은 명성을 얻었다. 특히 선택된 음식이 제공되고 건강에 좋은 식이요법을 따르는 말하자면 수도원 환경 같은 장소들이 명성을 얻었다. 따라서 중세 시대에 노인은 늙은 수도사들의 이미지에서 혜택을 입었다. 게다가 기록물이 드물었던 시대에 기억은 노인의 특권이었다. 또한 중세 시대 사람들은 오래된 관습이나 전통을 매우 중요하게 생각했다. 때문에 주민들은 루이 9세의 어머니 블랑슈 드 카스틸르가 해방을 요구하는 농노의 예속이 언제로 거슬러 올라가느냐고 물었던 일-드-프랑스 지역의 노인들을 따라 모든 문제에 대해 노인들과 상담했다.

여자 노인의 경우는 달랐다. 잠재적으로 마녀가 되기 전 노파들은 사실상 평판이 나빴다. 흔히 텍스트들에서 그리고 특히 에그장플라 exempla라는 교훈적인 이야기들에서 나오는 표현은 이러한 비난을 예증하고 있다. 다시 말해 베르튈라 vertula 즉 '작은 노파'는 늘 사악한 인물을 지칭하는데 사용된다. 결과적으로 중세 시대에 흔히 일어났던 것처럼 노화는 연륜과 기억의 위신 그리고 특히 여성인 노파의 악의 사이에 있는 긴장의 주제이다. 유혹하는 악마의 손쉬운 먹이가 되는 순진함(예수는 어린아이가 나에게 오도록 내버려두라고 말했다.)과 '이성적인 나이'가 되지 않은 사람의 추정된 악의 사이에 있는 어린아이에 대한 것처럼 노인은 찬미와 비난 사이에서 동요하고 있다. 중세 시대에 어린 예수가 아동의 승격에서 중심적이었던 것과 마찬가지로 구약 성경에 나오는 가장의 이미지는 노인들에 대한 가치를 높였다. 그 중에서도 아브라함을 예로 들 수 있다. 하지만 디디에 레트의 지적처럼 "아브라함은 기독교인들에게 원죄를 상기시키는 그가 나타내고 있는 육체적 도덕적 노화의 이미지 때문에 또한 비난받았다."[10]

• 질병과 의학 •

중세 시대의 전염병으로 특히 페스트가 자주 언급되곤 한다. 당연한 일이기도 하다. 인간과 쥐 같은 설치류에 공통된 이 세균성 전염병은 무수히 많은 큰 피해를 입혔기 때문이다. 선종 페스트 혹은 흑사병이 1347년에서 1352년 사이에 서구 인구 4분의 1을 줄이는 데는 사실상 4년밖에 걸리지 않았다. 자크 베를리오즈가 상기시키고 있듯이 이 전염병은 "중세 시대를 열었고 다시 닫았으며" 이 재앙의 봉인랍으로 중세 시대를 특징지었다.[11]

최초의 선종 페스트 —— 피부 밑에 있는 전염성 세균의 존재를 지칭하는 서혜선종 때문에 불려진 —— 는 541년과 765년 사이에 처음으로 출현했지만 더 크게 확대될 수 있는 여건은 조성되어 있지 않았다. 가장 큰 피해를 입힌 2번째는 분명 페스트의 발생 상황 때문에 시대에 뒤떨어졌을 것이다. 전염병은 흑해에 있는 제노바의 식민지 카파에서 시작되어 선박을 통해 이탈리아에 전달되었다. 사실상 카파에서 이 식민지를 포위공격하던 '야만적인' 몽골인들은 성벽 너머로 페스트에 감염된 시체들을 던져 넣었다. 그들은 이 질병의 치명적인 전염적 특성을 알고 있었다. 이 불건전한 계략 덕분에 몽골인들은 제노바 식민인들을 죽게 해 성채를 점령할 수 있었다. 전쟁의 생존자들이 반도의 유럽 도시들로 세균을 가지고 돌아왔고 그때부터 가래를 통해 사람에서 사람으로 전염되었다.[12] 이 전쟁은 '흑사병'의 발단을 드러내고 있으며 생물학 무기의 역사에서 최초의 사례들 중 하나가 되었다. 구약 성서에 따르면 '필리스틴인들의 페스트'라는 일화에서 생물학 무기가 이미 사용되었다.

역사가인 욜 아그리미와 키아라 크리스치아니에 따르면 페스트는 중세 시대에 야만적인 방식으로 "갑작스럽고 야만적인 새로운 형태의 죽음"을 받아들이게 했다. "이 질병은 결과적으로 죽음과 동일시되었다."[13] 이 새로운 재앙에 대해 프랑스 편년사가인 프루아사르는 "인구의 3분의 1이 사망했다."고 쓰고 있다. 욜 아그리미와 키아라 크리스치아니는 이어 "살아 있는 사람들의 공동체와 죽은 사람들 세계 사이의 관계가 급작스럽게 변화되었다. 전통적인 장례행렬이나 장례식이 많은 도시들에서 계속해서 금지되었다. 시체가 도시들의 집 문 앞에 쌓였다. 매장을 할 수는 있었지만 약식으로 진행되었고 최소한의 의

식만이 행해졌다."라고 기록하고 있다. 상상력은 이 같은 육체적 정신적 고통으로 인한 공황적 공포 분위기를 되살려내려 애쓰고 있다. 피에트로 다 토시뇨는 『페스트 개론 Tractatus de pestilentia』에서 페스트에서 스스로를 보호하기 위해 요구되는 예방법을 제시하고 있다. 이는 위생상 동남아시아에서 발생했다고 신고된 이종 폐결핵 전염병(SARS)시에 현대인들이 따르는 것과 같은 것을 연상시킨다. 즉 "사람들끼리 호흡이 섞여 한 사람이 많은 사람을 감염시키는 것을 피하기 위해 가급적 조심스럽게 공개 토론을 피해야 한다. 따라서 홀로 있으면서 공기가 전염된 장소에서 오는 사람들을 피해야 한다."

토시뇨의 권고에도 불구하고 '흑사병'은 "스콜라 학파 의학의 파산"은 아니라 해도 그 한계를 분명하게 드러내고 있다. 스콜라 학파 의학은 재앙을 억제하는데 무력했으며 의사란 직업을 심각한 위기에 빠지게 했다. 의사들의 동업조합은 이제 당시까지 상대적으로 보완하는 측면에서 존속해있던 외과 의사와 이발사 동업조합과 경쟁하게 된다.

하지만 페스트에 대해 집중된 관심이 중세 '흑사병의 전설'을 풍요롭게 해주는데 기여했다는 사실 이상으로 페스트에 집중된 관심은 자크 베를리오즈가 쓴 "몸은 환경의 불확실성에 내맡겨져 있었던" 시대의 "취약한 인간"이 처한 위생 상태의 현실을 보여주고 있다. 질병의 역사는 무엇보다 전염병의 역사이며 더 지속적인 질병의 역사이다. 14세기 중세 시대 말에 나타나 아주 많은 땀을 흘리게 하며 높은 열이 지속되는 질병인 전염성 발진열처럼. 폐병이나 '나력' 다시 말해서 결핵성 경부 임파선염처럼. 마찬가지로 7세기부터 유럽에 확산되어 "중세 시대 가장 중요한 보건 문제"[14)]가 된 나병처럼. 하지만 문둥병은 정신적인 문제이기도 했다. 왜냐하면 중세 시대에 전적으로 존재와 무관하거나 상징적이지 않은 질병은 존재하지 않았기 때문이다.

따라서 나병환자는 더러움 특히 색욕에서 자신의 몸과 영혼을 해방시키고자 하는 죄인이었다. 나병환자의 고통받는 몸은 결국 영혼의 나병이다. 사람들은 흔히 나병환자는 부부관계가 금지된 시기(사순절, 축제 전야 등)에 잉태되었다고 생각했다. 따라서 나병은 엄밀하게 말하자면 죄와 가장 나쁜 것 즉 성적인 죄[15)]의 산물이었다. 이러한 변화의 근원은 오래 전으로 거슬러 올라간다. 레위기(13장 46절)는 "고통이 지속되는 한" 나병 환자는 "부정하게 될 것이다. 그렇다. 부정하다. 그는 야영지 밖에 거주하며 홀로 살아가게 될 것이다." 나병 환자 수용소(1226년 프랑스엔 2천개의 수용소가 있었다)는 미셀 푸코가 광기에 관하여 밝히고 있듯이 유형(流刑) ── 나병 환자들이 은유하고 있는 '이단적'인 사람들 ──, 격리, 처벌의 장소가 되게 되었으며 또 다른 것들을 예고하게 된다. 세속적인 죽음의 의식을 통해 나병 환자들은 재산을 박탈당하고 가족, 자신의 사회적 물리적 환경에서 멀어진 산송장이 되었다. 외출이 허락된 나병환자는 그 소리가 나병 환자임을 밝혀주는 소리나는 기구를 흔들어 모든 접촉을 피하게 되었다. 즉 "나병처럼 이단은 교회의 건강한 몸을 빼앗긴 병든 몸을 통해 상징적으로 표현되고 있는 영혼의 질병이다. 12세기에 수도승인 길롬은 이단인 로잔의 앙리에게 표현상으로 욕설을 하고 있다. '당신도 이단에 의해 칼자국이 난 나병 환자이다. 성직자의 판결에 의해 교단에서 쫓겨나 법에 따라 누더기를 걸친 채 머리에 아무것도 쓰지 못하고 걷고 있다. 당신은 냄새나는 역겨운 옷을 몸에 걸치고 나는 나병환자, 이단, 부정한 자라고 끊임없이 외쳐야 한다. 또한 당신은 야영지 외부 다시 말해서 교회 밖에서 홀로 살아야 한다."[16]

흔히 그렇듯 은유는 다양한 의미를 내포하고 있다. 그리스도가 모범을 보여준 것처럼 나병 환자에 대한 입맞춤은 아주 경건한 마음의 표시이다. 루이 9세는 경건한 마음을 보여주려 애썼다.

위대한 의학사상사가인 미르코 그르멕은 다음과 같이 쓰고 있다. "고대의 의사들에게 모든 질병은 신체적인 것이었다. 고대 의사들에 따르면 영혼의 질병은 도덕론자들이 꾸며낸 이야기에 불과하다. 이러한 입장을 취한 결과 의사와 철학자들 사이에서 정신적 감정의 영역이 분할되었다. 하지만 이슬람 세계에서도 기독교 문명에서도 중세 시대 사람들은 몸에서 발생한 일에서 정신적 의미를 분리 할 수 없었다. 사람들은 영혼과 몸 사이의 관계를, 질병이 필연적으로 정신 신체적 단위라는 아주 광범위하고 복잡하게 얽혀있는 방식으로 이해했다."[17] 이러한 이유로 성인들이 갖고 있는 것으로 여겨지는 대부분의 기적들은 치료의 기적들이었다.

배척되고 선택된 환자

중세 시대에 몸을 관통하고 있는 긴장은 사람들이 "영혼의 부패가 드러나 있을 뿐"이라고 생각한 영혼의 질병에서 새롭게 인식될 수 있다. "전형적인 죄의 상징"인 나병환자는 또한 "몸의 온갖 타락을 떠맡아 인간을 구원하기 위해 비천한 자들 중 비천한 자가 되었던 그리스도의 모습"[18]이기도 하다. 여기서 긴장은 분명히 드러난다. 다시 말해서 "병자는 선택받은 자들처럼 배척당한다." 이 점에서 성경의 가르침은 결정적이다. 즉 "Christus medicus" 그리스도는 의사이다. 그리스도의 기적적인 치료가 입증하고 있듯이 몸의 의사이며 그리스도가 인간에게 구원의 길을 보여주었기 때문에 영혼의 의사이다. "그리스도는 또한 약이다. 그리스도는 우리들 죄의 상처를 치유하기 위해 사용되었기 때문이다. 결국 [……] 그리스도는 영혼의 약으로서 병자들에게 고통과 조용한 인내의 가치를 가르쳐주신다. 또한 그리스도는 부활로 우리에게 육체의 죄를 대신 갚은 증거를 위임하면서 인내하는 이웃사랑을 가르쳐주고 계신다."라고 욜 아그리미와 키아라 크리스치아니는 요약하고 있다. 그리스도도 고통받는 몸인 병자이다.

'바람직한 혼합'과 4가지 기질 이론

이처럼 치유의 기술은 악마적인 측면이 아니라 하느님적 측면이다. 교회는 '야만적' 이교출신 마법 치료사들에 대한 격렬한 전쟁을 개시한다. 마법 치료사들은 매력과 격렬함이 뒤섞여 있는 가운데 몸이 억제되는 한 더 이상 해롭지 않은 사탄의 앞잡이들이다. 게다가 장-피에르 폴리는 이러한 '억제의 매력'과 교회가 공격한 '몸의 큰 기쁨'을 훌륭하게 묘사하고 있다.[19] 따라서 의학은 주로 체액 병리학, 말하자면 '4가지 기질 이론' 언저리에서 발전할 수 있게 되었다. 습관적으로 그리스 의사인 히포크라테스(기원전 460~377)에서 비롯된 것으로 알려진 기질의 병리학은 코스 섬 출신의 히포크라테스의 사위 폴리베의 텍스트에서 나타나있다. 그는 『인간의 본성』에서 다음과 같이 쓰고 있다. "인간의 몸은 피, 점액질, 노란색 담즙과 검은 색 담즙을 지니고 있다. 여기에 몸의 본성을 구성하고 있는 것이 있으며, 여기에 질병이나 건강의 이유가 있다. 이러한 조건 하에서 양적인 것과 마찬가지로 질적인 관점에서 체액들이 적정 비율로 있을 때, 그리고 체액의 혼합이 완벽할 때 완벽한 건강을 누릴 수 있다. 체액들 중 하나가 너무 적거나 너무 많은 양으로 고립되어 따로 있게 되면 체액이 떠난 부분은 병에 걸리게 될 뿐 아니라 체액이 고정되어 축적되는 부분도 지나친 공급과잉의 결과로 고통과 통증을 불러일으켜 질병에 걸리게 된다."

질병을 4가지 체액 간의 비율 교란으로 생각하는 방식은 서구 의학 전체로 확대되게 된다. 하지만 남부 이탈리아의 철학자 겸 의사였던 크로톤의 알크마이온(기원전 500년경)의 결정적 텍스트를 상기하는 것이 적절하다. 그의 학설에 따르면 "건강은 축축하고, 건조하고, 따뜻하고, 씁쓸하고, 달콤한 그 밖의 성질들의 동등한 권리[isonomia]에 의해 유지된다. 반면 이러한 성질들 가운데 독점적 지배[monoarchia]는 질병을 낳는다. 작용 물질과 관련되어 지나친 열기와 건조함 때문에, 원인과 관련해 지나치거나 부족한 식사 때문에, 장소와 관련해 피, 골수, 뇌에 병이 나게 된다. [……] 질병은 때로 물, 장소, 피로, 불안이나 이와 유사한 외부적인 원인들에 의해서도 생겨난다." 그는 "건강은 [적절한] 혼합이다."라고 결론짓고 있다. 이 텍스트는 이소노미 isonomie 다시 말해서 물질적 요소들의 균형이 인간의 몸에서와 마찬가지로 사회체에서도 건강을 보장한다는 생각을 가장 잘 설명하고 있다. 미르코 D. 그르멕은 "새로운 '의학 기술'은 몸의 내부에서와 마찬가지로 몸의 외적인 관계에서 적절한 균형비율을 보존하고 되찾으려 노력한다는 점에서 인간의 본성을 도울 목적으로 구성되어 있다."고 요약하고 있다. 히포크라테스적 의학은 알크마이온의 전문용어를 계승하지 않았지만 '적절한 혼합'이라는 생각은 이어졌으며 특히 중세 의술의 필수적 참조 자료들 중 하나가 된 그리스 의사 갈레누스(131~201년 경)에게 계승되었다. 그렇기 때문에 7세기 이시도르 드 세빌(570~636)은 자신의 『어원학』에서 모든 질병은 "4가지 체액에서 비롯되며 건강은 몸이 온전한 상태이자 따뜻함과 습기와 관련된 인간 본질의 적절한 혼합이다."라고 주장할 수 있었다.

　이 같은 보건의 은유 계승으로 중세 의학의 '적절한 혼합'은 갈레누스와 아리스토텔레스의 의학이었다. 갈레누스의 4가지 체액에 사실상 많은 논설에서 단순화된 아리스토텔레스의 4가지 원인이 추가되었다. 다시 말해서 "작용인은 의학적 행위이거나 의사 그 자체이다. 물질적 원인은 인간의 몸이고, 도구적 원인은 란셋, 해부용 칼 혹은 다른 모든 치료 수단들이고, 궁극의 원인은 건강 상태의 회복이다."라고 다니엘 자카르는 요약하고 있다.[20] 특히 살레르노 대학과 같은 중세 대학들은 끊임없이 갈레누스와 아리스토텔레스 의학을 뒤섞어 교조주의적으로 언급하게 된다.

형제의 몸

우리가 이미 본 것처럼 개인의 비상에 상응하는 12세기 르네상스와 함께 육체 속에서 고통받는 인간의 몸은 더 한층 중시되었다. 『중세의 남자』[21]에서 조르주 뒤비는 12세기 이전 "'봉건' 문화는 몸의 고통에 대해 거의 관심을 보이지 않았으며 어쨌든 우리보다는 훨씬 관심이 적었다."라고 언급하고 있다. 중세 시대 삶을 단순히 고되고 냉혹했다고만 본 것은 아니지만 조르주 뒤비는 당시의 남성적이고 군사적인 이데올로기에 대해 강조했다. 성경에서 하느님은 이브에게 "너는 고통 속에 아이를 낳게 될 것이다."라고 말한다. 아담에게는 "너의 이마에서 나는 땀으로 생계를 유지하게 될 것이다."라고 예언한다. 따라서 도발자들은 죽게 될 뿐 아니라 고통도 받게 된다. 남자에게는 노동labor 여자에게는 고통dolor을. 조르주 뒤비는 이어 "고통은 무엇보다 여자의 문제이며 결과적으로 남자는 여자를 멸시해야 한다는 생각이 여기에서 유래되었다. 명목상 남자는 고통받지 않는다. 남자는 남성다움을 잃고 퇴보하여 여성의 처지로 격하되지 않으려면 어떤 경우에도 자신이 고통받고 있다는 사실을 밝혀서는 안 된다."고 말하고 있다. 하지만 "고통에 대한 무관심은 지속되지 않았다." 사실상 12세기 말부터 역류가 일어났다. 심지어 고통효용론이 유행하기까지 했다.

성 프렌체스코가 '형제의 몸'이라고 지칭할 정도로 그의 관심과 찬사가 입증하고 있듯이, 또한 질병과 관련해 그리고 몸에 대한 관계와 관련해 무수히 많은 다른 주제들에서처럼 성 프란체스코는 매력적인 인물이다.[22] 그는 무엇보다 눈과 소화 기관에 고통을 받았던 병자였다. 몸은 억제하고 괴롭혀야 할 죄의 도구이며 심지어 '적'이라는 지배적인 생각을 계승했지만 적은 '형제'가 되었고 질병은 '우리의 자매'가 되었다. 성 프란체스코는 우선 자신이 인정한 유일한 의사인 그리스도를 전적으로 신뢰했지만 의학의 운명과 도약을 위해 의미심장하고 결정적인 것 이상으로 구약 전도서의 말을 인용하며 엘리 형제의 권유에 따라 교황의 의사들과 상담하게 된다. "하느님께서 지상의 의학을 창조하셨으며 현자는 의학을 멸시하지 않을 것이다."(38장 4절) 이처럼 '형제의 몸'에 대한 성 프란체스코의 찬사, 단지 오만의 표시로 약화된 '위생상'의 무관심과 육체적 고행에 대해 위베르 드 로망이 형제들에게 한 조언은 물론 사람들이 언제나 정신적인 목적으로 이용해야 하지만 몸이 고통과 인내가 아닌 방식을 통해 이용해야 하는 가치가 되었다는 사실을 보여주고 있다."[23]

요컨대 중세 시대 사람들은 그리스도 이외의 다른 의사들에게 도움을 청할 수 있었다. 조금씩 영혼을 치료하는 의사인 성직자들은 몸을 치료하는 의사들과 구별되었다. 의사들은 학자인 동시에 직인단체인 길드처럼 전문직종이 되어갔다. 의학교육이 나타났으며 또한 하느님의 선물이지만 당연히 직업으로서 간주되었던 학문으로 인격과 교양을 형성했던 대학이 나타났다. 따라서 의사들은 자신이 제공한 치료나 도움(하나님의 선물인)에 대해서가 아니라 "그에게 더 많은 열정과 피로를 요구하는 일과 준비를 위해"[24] 보수(부자들에게는 더 많은 보수를 가난한 사람들에겐 더 적거나 보수를 받지 않았다.)를 받는 전문가로 활동했다.

오줌과 피

진맥과 혀 검사에 근거한 고대의 진단 관행은 새로운 기법에 의해 사라지게 되었다. 검료법 혹은 오줌 검사법이 비잔틴 사람들과 살레르노 대학인들에 의해 확산되고 길레스 코르베이(1165~1213)에 의해 상세히 해명되었다. 이 방법은 유리 용기(matula)를 필요로 했다. 유리용기는 의학적 징후학을 검료법으로 축소하는 경향이 있었던 의사 협동조합의 상징이 되었다. 체액 이론의 또 다른 결과물에 인접한 것으로 환자에게서 치료를 목적으로 혈액 채취가 광범위하고 체계적으로 실행되었다. 예를 들어 수도원과 수녀원에서는 혈액 채취가 정기적으로 실행되었다. 이제 우리는 희극작가인 몰리에르와 그가 묘사했던 의사들의 관행을 좀더 쉽게 이해할 수 있을 것이다.

갈레누스라는 가면을 쓰고

사람들은 흔히 실험적이라기보다는 이론적이었기 때문에 중세 의학이 매우 취약했다고 주장한다. 중세 시대의 의학은 체계적으로 갈레누스에게서 차용한 것이었다. 그렇지만 『치료의 오류들에 대하여 De erroribus medicorum』(1260~1270경)에서

"많은 의사들이 끊임없이 불필요한 논쟁에 몰두하고 있다."고 비난한 영국의 철학자 로저 베이컨이 대중화시킨 견해가 중세 스콜라 의학을 요약하고 있다고 할 수는 없다. 한편으로 다니엘 자카르가 입증했듯이 "이성에 의해 뒷받침되긴 했지만 중세 의사들이 경험에 무관심"했던 것은 아니었기 때문이다.[25] 다른 한편으로 갈레누스의 것으로 받아들여지는 많은 치료법들이 흔히 중세의 고유한 발명을 감추고 있었기 때문이다. 갈레누스는 가면일 뿐이었다. 교회의 이데올로기적 억압 하에서 중세 시대는 새로움에 대한 주의 깊은 관찰자였기 때문이다. 그리고 중세 발명가들은 고대인이라는 방패막이를 구실로 삼았다.

12세기 바스 출신의 영국 지식인 에덜레이드는 결국 다음과 같이 기록하고 있다. "우리는 최근에 비롯된 것처럼 보이는 것은 무엇이든 인정하길 거부하는 고질적인 결점을 가지고 있다. 또한 나의 독창적인 생각도 그것을 발표할 때 누군가 다른 사람이 이미 생각했던 것으로 치부하며 '그렇게 말한 것은 내가 아니다.'라고 선언한다. 또한 사람들이 나의 모든 견해에 대해 나를 전적으로 믿고 있기 때문에 나는 '발명가는 내가 아니다.'라고 말한다. 사람들이 무지한 내가 나의 고유한 깊은 곳에서 생각들을 끌어냈다고 생각하는 불편함을 피하기 위해 사람들이 그것들을 내가 아랍에서 공부한 것에서 이끌어냈다고 믿도록 만든다. 따라서 내가 주장하는 것은 나의 과정이 아니라 아라비아인들의 과정이다." 따라서 중세 의사가 자신에게 새로워 보이는 어떤 새로운 치료 방법을 적용할 때 그는 그것을 갈레누스의 저서에서 읽었다고 주장한다.

이는 중세 의학이 일반적으로 생각되어지고 있는 것만큼 정체되지 않았다는 사실을 전제하고 있다. 당시에 의과대학이 존재하지는 않았지만 —— 10세기부터 시작된 이탈리아 살레르노 의과대학 같은 두드러진 예외를 제외한다면 ——, 중요 인물들은 좋은 의사들, 대개는 유대인들과 거의 언제나 외과 의사들에게 도움을 청하는데 관심을 드러내고 있다는 사실은 중세 의학이 일반적인 생각만큼 정체되지 않았다는 것을 보여주고 있다.

투르 공의회(1163년)에서 의학과 외과학을 분리한 후 외과학은 손으로 일을 하는 직인의 서열로 품위가 점차 실추되기는 했지만 당시 여전히 '위대한' 외과의사들이 존재했다. 그들은 특히 앙리 드 몽드빌(1260~1320년경), 필립 르벨 같은 외과의사, 특히 아비뇽 클레멘스 6세 이노센트 6세 우르바노6세 교황의 의사이자 외과의사인 기이 드 숄리악(1298~1368년 경)처럼 대학에서 가르치며 국왕과 교황들을 전담한 외과의사들이었다. 이 외과의사들은 200년 이상 '위대한 외과학'(1363년에 완성된)이 허

용된 몽펠리에 대학에서 양성되었다.[26]

몸에 대한 또 다른 관심사 즉 갈레누스은 '고통과 질병에 대한 적극적인 투쟁'의 개념을 도입했으며 중세의 의사와 외과의사들은 외과적 마취술 특히 사리풀, 아편, 인도의 대마 즙을 적신 '수면 천'으로 외과 마취술에 초점을 맞추려 했다. 하지만 이 기법은 그다지 효과가 없었으며 19세기 들어서야 보편적 마취술이 실현되었다. 중세 시대가 육체적 고통에 개의치 않았다는 통념과 달리 중세 의학은 육체적 고통을 완화시킬 수 있는 방법을 연구했었다.

스콜라 의학의 한계

따라서 "서구 중세 시대의 위업들 중 하나는 되돌이킬 수 없는 방식으로 사회와 학계에 의학의 지적인 지위를 부여했다는 사실이다."라고 다니엘 자카르는 기록하고 있다.[27] 다시 말해서 갈레누스 이론에 따른 준 체계적인 수단인 갈레누스주의는 11세기에서 12세기로의 전환기에 "협잡이 난무하는 암흑상태에서 일반적으로 용인된 학설에 상응하지 않는 모든 관행을 배척할 수 있게 해 주었다."

몽드빌과 같은 주목할만한 예외가 있긴 했지만 중세 시대에 과학적인 의학이 발전하기엔 많은 어려움이 있었다. 심지어 미르코 D. 그르멕은 다음과 같이 말하기까지 했다. "중세 시대 의사들의 진단 절차는 고대 임상 경험 지식에 비해 퇴보한 것으로 드러났다. 사람들은 병리학적 실재와 무관하게 세련되기에 이를 때까지 진맥과 소변검사를 밀어 붙였다. 마찬가지로 점성술에 의한 진단이 인간의 몸에서 일어나는 일은 천체의 위치에 상응한다는 생각에 따른 관습적 귀결로써 발전했다."

이는 중세 서구를 관통하고 있는 긴장에서 다시 한번 설명되어지고 있다. 중세 시대에 몸 그 자체는 존재하지 않는다. 몸엔 언제나 영혼이 스며들어 있다. 그런데 영혼의 구원은 예정되어 있다. 따라서 의학은 무엇보다 결코 영혼으로 환원되지 못하는 몸을 통해 전달하는 영혼의 의학이다. 베르나르 랑송은 『고대 말과 중세 초의 의학』에서 다음과 같이 기록하고 있다. "신의 도움 없이는 무력한 것으로 받아들여진 우리가 오늘날 과학적이라 부르는 의학은 과소평가되게 되었다. 그렇지만 의술은 의학에서 그 방법의 대중화와 그 이미지의 찬미를 이끌어내었다. 세계를 의학적으로 생각한 교부들은 흔히 야유당하고 비방받았지만 의사에게 전례 없는 풍요로움과 품위를 부여했다. 하느님, 성인, 대주교, 성직자가 의사로 받아들여졌던 만큼 의사는 더욱 더 높은 평가를 받을 수 있었다. 나는 다음과 같은 역설을 주장할 것을 제안한다. 과학적으로 과소평가되었으나 기독교의 후원으로 악화되지 않은 의학은 동시에 기독교에 의해 찬미되었다. 이는 중세시대 의학의 역사에서 의미있는 일이었다. [……] 이후로 가치와 계층 구분 질서에서 부주교들만이 살아 있거나 죽은 성인들이었다. 그 존재가 치료의 지성소에서 입증되고 있는 의사들은 간호보조사의 지위로 떨어진다. 따라서 육체적 의학은 정신적 의학을 통해 발견되고 적응되고 흡수된다. 영혼의 의사들은 동시에 고통 받는 몸을 책임진다."

가설은 명확하다. 왜냐하면 이 가설은 과학적 의학에 거리를 두면서 의학을 찬미하는 이중적 움직임을 이해할 수 있게 해주기 때문이다. 구원의 관점에서 치료할 필요가 있을 때부터 기적에 대한 의지는 지각과 정신에 강하게 호소하게 된다. 몸이 우위에 있지만 죄에서 구원받는 데는 정신이 우선시 되었다. 따라서 "중세 시대는 질병의 의학적 모델이라는 구상에 거의 기여한 바 없지만 중세 시대는 질병의 체험에 더 높은 가치를 부여했다. 질병의 병인론을 전적으로 죄에 결부하면서 중세시대는 질병을 구원의 수단으로 만들었다."[28]

인간의 몸에 대해 의학이 결정적으로 과학화되면서 의학 자체에서 정신적 상징적 차원을 탈피하기 위해선 17세기의 새로운 이데올로기적 배경을 기다릴 필요가 있었다.

하지만 중세 의학은 또한 외과학 영역에서 특히 중요한 기술적 혁신을 가져왔다. 두개천공, 골절을 원상태로 바로잡는 것, 치루수술, 치질수술, 불로 지지는 소훼 요법에 의한 지혈, 자극을 통한 몸에서의 금속성 이물질 제거, 흉곽을 파고든 상처의 봉합 등이 그것이다.[29] 마찬가지로 중세의 약리학도 특히 알코올, 수은과 함께 상당히 풍부해졌다. 알코올은 중세 시대에 발명되었기 때문이다. 포도의 증류는 우선 약을 제조하기 위해 수도원에서 이루어졌다. 알코올 역사의 최초 단계는 이처럼 약에 의한 발전 단계다.

구호 공동체

중세 의학의 한계는 특히 중세 사회의 두 가지 기본이 되는 가치인 자비 caritas와 인간의 나약함 infirmitas을 토대로 한 병원의 발전을 통하여 당시 자리 잡기 시작한 구호 공동체에 의해 완화되게 된다. 하느님과 인간 사이에서 아버지의 사랑인 카리타스 caritas는 마찬가지로 인간 형제애의 영역에 속한다. 교회는 하나님을 사랑하기 위해선 우리의 형제를 사랑해야 한다고 말하고 있기 때문이다. 몸의 나약함과 의존을 가리키고 있기 때문에 사회적으로 더 평가절하되었던 나약함은 점차 원죄 이후 인간의 조건인 중세 시대의 모든 '나약한 인간'의 조건이 되었다.

하지만 길, 광장, 교회에서 병들고 가난한 사람들을 흔히 볼 수 있었던 당시에 나약함과 구호는 잠재성, 이론, 개념에 그친 것은 아니었다. 예를 들어 성 베네딕트의 『규칙』은 "사람들이 본인이 직접 그리스도를 모셔야하는 것과 똑같이" 모셔야 하는 "나약함에 대한 구호"인 환대를 권장하고 있다. 규칙에 따르면 예수께서 "나는 병자였으며 너희들은 나를 찾아왔었다."라고 말하고 있기 때문이다.

나약함처럼 흔히 가난한 사람들과 병자들에게 결부된 신학상 첫 번째 덕목인 카리타스 caritas는 자비로 무료 공공장소인 중세 병원의 탄생에 큰 기여를 했다. 병원들은 "진짜 가난한 사람들과 거짓된 가난한 사람들, 진짜 병자와 거짓 병자들, 도덕적으로 받아들일 수 있는 병자와 받아들일 수 없는 병자들"[30] 을 구분했기 때문에 어떤 의혹도 없이 잘 정리되어 있었다. 하지만 이론상으로 병원은 대개 관련된 교회의 영역처럼 어떤 조건에서든 누구나 받아들였다. 그렇지만 사회적 차별은 『규칙』을 따르지 않고 있었다. 한편으로 '학식이 있는' 의사들의 사적인 가정(家庭)적 공간이자 다른 한편으로 병든 가난한 사람들을 도왔던 병원은 세월이 더 지난 뒤에야 진정한 간호 치료의 장소가 되게 된다.

몸의 해부

몸에 대한 존중은 오랫동안 해부 관행을 늦추었다. 즉 "최초의 해부는 볼로뉴에서 13세기 1/4분기에 의학 교육에서 나타났으며 몽펠리에에선 1340년경, 파리에선 1407년에 나타났다. 파리에선 1477년부터 정기적으로 해부가 시행되었을 뿐이다."라고 마리-요제 앵볼트는 지적하고 있다.

이 주제에 대한 반계몽주의적 중세 시대의 어두운 전설은 오래 지속되었다. 왜냐하면 "교회는 인간 몸의 해부를 명시적으로 금지하지는 않았기 때문이다."라고 다니엘 자카르는 상기시키고 있다. 묘지에서 시신이 도난당하는 일이 이어졌다. 교회의 금지 — 특히 1299년 보니파키우스 8세 교황이 공포한 교황령에 의해 — 가 목표로 한 것은 해부학자들도, 무수히 많은 묘지들에서처럼 잘린 시신의 유해를 분배하는 방식도 아니었다. 의학적 해부는 금지되지 않았다. 중세 의학 사상가의 거장인 갈레누스도 동물 해부를 실행했었다. 따라서 볼로뉴, 살레르노, 몽펠리에와 파리에서 인체의 해부는 공개적이고 학술적인 관행이 되었다. 그렇지만 순전히 이론적 지식이 지배했다. 몸의 해부는 흔히 갈레누스를 확인하거나 검증하는 것을 목적으로 하고 있었다. 이에 대해 다니엘 자카르는 "몸은 보여지기 전에 '읽혀졌다'"고 정확하게 요약하고 있다.

죽은 자와 죽어가는 자들 : 선택받은 자 혹은 고통받는 자들

각각의 문명은 시체를 매장하는 방식과 시체가 처리되거나 나타나는 방식에 의해 정의된다. 중세 서구도 이러한 규칙에서 벗어나지 못했다. 죽음의 문제에 대한 중세 성직자들의 두 가지 극단적인 생각을 구성하고 있는 '지상의 것의 짧음에 대한 탄식'과 '영혼의 구원에 대한 환희'라는 요한 호이징가의 기초적인 연구 이후에 역사 연구는 필립 아리예스의 말[31]처럼 귀중한 진전을 할 수 있었다. 필립 아리예스에게 12세기와 13세기부터 중세 초의 "길들여진 죽음"은 "운명의 더 비극적인 전망"[32]에 앞서 나타나고 있었다.

노베르트 엘리아스는 설명을 하는 비판적 텍스트에서 다음과 같이 쓰고 있다.[33] "중세 시대에 사람들은 분명 죽음과 임종의 순간에 대해 오늘날보다 더 솔직하고 거침없이 말했다.

[……] 그렇다고 중세 시대의 죽음이 오늘날보다 더 평온했다는 것은 아니다." 사실상 노베르트 엘리아스의 관점에서 필립 아리예스는 "우리에게 자신의 가설을 공유하게 하려 했다. 필립 아리예스에 따르면 인간은 옛날에 평화롭고 차분하게 죽었다. 그의 가정에 따르면 현대에 들어서야 사정이 달라졌을 뿐이다. 낭만주의 정신에서 아리예스는 더 나은 과거의 명목으로 나쁜 현재에 경멸에 찬 시선을 보낸다." 그런데 엘리아스는 계속해서 "중세에 포함시키는 세기들이 진행되는 중에 죽음에 대한 공포가 사회적으로 늘 같은 수준을 유지했던 것은 아니다. 14세기에 죽음에 대한 공포가 사회적으로 급격히 심화되었다. 당시엔 도시가 늘어나고 있었다. 페스트가 전역으로 확산되어 유럽을 휩쓸면서 죽음에 대한 공포를 강화했던 것이다. 또한 죽음을 연상시키는 춤들에 대한 주제가 저술과 판화들에 나타나기 시작했다. 과거에 평온한 죽음이라고? 얼마나 일방적인 관점인가!"라고 말하고 있다.

결국 관점을 전복시키는 것의 문제다. 아니 차라리 접근을 달리하는 것과 관련이 있다. 왜냐하면 죽음은 다른 곳에 있기 때문이다. 필립 아리예스의 개념을 낭만주의와 복고주의의 부산물로 치부하지 않으면서 역사가인 미셸 로벨이 다음과 같이 주장한 것은 옳았다. "죽음, 죽음이 불러일으킨 감정과 태도 이상으로 중세 연구가들에게 적절한 역사적 대상이 되고 있는 것처럼 보이는 것은 시신, 죽은 자들이 받았던 치료, 산 자들이 죽은 자들에게 인정한 자리와 역할이었다." 이 세상과 내세를 연결짓는 기독교 체제 속에서 죽음은 한 순간에 불과하기 때문이다. 죽은 자들과 죽어가는 자들의 몸에 대한 태도를 연구함으로써 죽음이라는 특이하면서도 보편적으로 공유된 사건에 대한 중세의 감정을 다시 찾아보려는 시도가 가능하게 되었다.

죽어가는 자들의 성무 일과서

421년에서 422년 사이에 아우구스티누스가 쓴 '시신에 대한 책무' 개설서에 따라 교회는 교회의 성무일과를 갖게되고 '서구의 장례 문서'에 검인을 찍는다. 기도하고, 성찬식을 거행하고, 고인의 의도에 따라 헌금을 하는 것은 교회의 규칙에 따라 죽은 자들의 짐을 덜어주는 3가지 방법이다. 영혼의 죽음만이 교회의 관심사였던 것처럼 보이며 몸의 소멸은 영혼이 하느님의 왕국에 가기 위해 육체라는 껍데기에서 해방되는 것을 의미하고 있었다. 따라서 죽은 자들의 짐을 덜어주는 것은 교회가 초기에 허용했던 관습적 예법의 경우는 아니었다.

사실상 고대부터 살아있는 자들이 자기 가족 구성원들의 몸을 차지했다. 특히 여성은 시신을 닦아 그들이 죽은 자들의 왕국에 들어가게 준비할 책임이 있었다. 사람들은 때로 죽은 자들이 산 자의 영혼을 괴롭히기 위해 돌아온다고 믿었다. 고대 이교문명에서 계승된 관습에 다시 이의를 제기하지 않고 기독교와 함께 고인들 사이에서 서열이 확립되었다. 다른 방식으로 취급되고 건설된 성인들의 묘지만이 축하와 숭배의 대상이 될 수 있었다. 사람들은 죽은 자들을 위해 기도했지만 새로운 영웅인 성인들의 중개를 통해서였다. 이 세상과 내세가 연결되었다. 따라서 피터 브라운은 "산 자들과 죽은 자들의 도시 사이에 마침내 옛날의 경계는 무너졌다."고 쓰고 있다.[34]

그렇지만 점차 교회가 고인들을 떠맡았다. 특히 8세기와 9세기에 교회는 '미신적'인 장례 관습을 비난하기 시작했다. 장례미사와 기도가 서구 전역으로 확산되었다. "죽은 자들 모두를 구분 없이 받아들였던 고대의 공동묘지에 반해 교회의 권위에 순종한, 축성되어 신에게 바쳐진 중세의 묘지들은 점차 신도들에게만 예약되었다."라고 미셸 로베르는 요약하고 있다. 따라서 그들 자신이 '세상에서 죽은 자들'이었던 카롤링거 시대의 수도사들은 고인들을 추억하고 영혼을 몸에서 분리하는 진정한 전문가로서 활동을 개시했다. 수도사들은 마지막 고해를 듣고 종부성사를 하거나 유언을 작성하면서 '지나가는 길'에 필수적인 중개인들로 의무가 있는 중재자가 되었다. 따라서 교회는 사회적 위신에 따라 서열화된 고인의 몸을 독점했다. 하지만 관습과 풍습은 소멸되게 되었다. "농촌에서, 도시에서 죽은 자들의 영역은 도피, 은신, 모임, 축하의 장소, 사람들이 정의를 되돌려주는 장소, 사람들이 합의를 이끌어내는 장소, 시장이 열리는 장소로 남았다."고 미셸 로베르는 명확히 하고 있다. 사회의 본체는 죽음의 기독교화에 저항했다. 죽음에 이르기까지 삶을 지배하는 사순절의 영향력 하에서 사육제는 무장을 해제하지 않았다. 사람들은 고인들과 거리를 유지하기 위해서와 마찬가지로 다시 가까워지기 위해서도 고인들의 유해 위에서 춤을 추었다.

1030년대에 장례 일정과 관행을 통일하고 통제하기 위해 크루니의 수도사들은 11월 2일을 모든 고인들의 연례 축제로 삼았다. 미셸 로베르는 "새로운 축제 덕분에 적어도 관념적으로는 더 이상 어떤 고인도 교회에서 벗어나지 못하게 되었다."라고 주장했다.

12세기 말과 13세기 초 사이에 큰 변화가 일어나고 있었다. 다시 말해서 죽음이 개인화되었다. 제4차 라테란 공의회 때 특히 고해를 기독교 세계의 중심에 위치시키며 교리는 개인화, 시험, 양심, 자기 성찰의 전환점에 착수했다. 익명의 종식, 횡와상 무덤, 숭배의 장소를 늘리기 위한 왕가 시신들의 분할 혹은 반대로 온전한 유해를 옹호하는 주장 등과 더불어 고인의 몸은 특별한 관심의 대상이었다. 어쨌든 13세기부터 교회의 장례 의식은 평소의 관례에 대해 승리를 거두었다. 고인들의 몸은 집을 떠나 장례를 관리하는 교회로 향했다. 이러한 현상은 중세 사회의 도시화와 분리될 수 없는 죽은 자들의 도시화 현상이었다. 특히 유언장의 재출현을 매개로 법률만능주의가 강요되었다. 위대한 역사가인 에른스트 칸토로비츠가 입증했듯이 상상적인 것과 법률적 허구에 따른 소송은 심지어 '왕의 두 개의 몸'을 구분하게 할 수도 있었다. 한편으로 왕(혹은 왕자)의 물리적인 몸은 죽는 날 소멸되지만 또 다른 정치적인 몸은 영속하며 반복된다.[35] 15세기부터 사람들은 의식적이고 엄숙한 방식으로 "국왕께서 돌아가셨다, 국왕 만세!"라고 선포했다. 그렇지만 칸토로비츠는 예법과 왕의 두 개의 몸의 중요성을 다소 과장한 것처럼 보인다. 성직자들을 포함해 중세 시대 사람들은 국왕의 몸에 대해 훨씬 더 실질적으로 이해하고 있었다. 게다가 칸토로비츠의 견해가 지배했던 나라는 거의 없었다. 영국은 이 점에서 예외였다. 또한 "국왕께서 돌아가셨다, 국왕 만세!"라는 표현이 15세기 프랑스에 도입되었다는 것은 분명 우연이 아니다. 당시 프랑스어는 영어 문장 자르는 법에 영향을 받고 있었다.

죽음의 모습

『중세 시대의 가을』에서 전염병은 개별화한다기 보다는 격리되었다. 흔히 조상에게서 멀어지거나 자신들의 땅에서 쫓겨난 생존자들은 죽음을 '발견했다.' "물론 두렵게 하고 회개하도록 자극할 것(바로 15세기 중엽부터 널리 확산된 많은 '죽음의 예술'이 하고 있는 것)을 목적으로 한, 부패하고 야위어진 채 누워있는 몸의 표현 같은 죽음의 주제들은 또한 개인의 파멸에 대한 새로운 공포를 보여주고 있다. 그것들은 고독과 버림 받는 것에 대한 사회의 항의를 표현하고 있을 것이다."라고 미셸 로베르는 쓰고 있다. 이에 대해 아리예스와 엘리아스는 이구동성으로 반박하고 있다. 아리예스의 '평온한 죽음'이 중세 시대 인간의 운명이었던 것처럼 보이지 않는다면 엘리아스의 '죽어가는 사람의 고독'은 현대인들만의 전유물은 아니기 때문이다.

어쨌든 하나는 분명했다. 중세 시대에 죽음의 존재가 상상에서처럼 현실에서 지각과 정신에 강하게 호소하고 있다는 사실이다. 12세기부터 저주받은 기사들 무리와 또 다른 악마의 난쟁이들을 지배하는 '죽음의 왕' 아를르캥 Hellequin이 길모퉁이, 숲의 주변에서 기다리고 있다. 떠나 지옥에서 끝을 맺는 두려움으로 그와 그의 악독한 가족('아를르캥의 무리')을 만나는 것을 경계해야 한다. 그런 일을 피할 수 있는 유일한 대응책은 자신의 몸에 대해 죽을 때까지 환영의 진실성을 증명하는 지워지지 않는 흔적, 낙인을 경계하는 것이다. 이렇게 해서 특히 10세기와 11세기부터 유령 이야기가 발전한다. 산 자들을 괴롭히는 유령들은 흔히 '때 이른 죽음'이나 '비정상적인 죽음'에서 비롯된다. 말하자면 난폭하게 죽은 살인의 희생자, 출산 중의 여인, 세례를 받지 못한 아이나 자살한 사람들의 귀신인 것이다. 유령들은 연옥에서 벗어나기 위해 가격 결정과 흥정의 목적인 산 자들의 '좋은 평가'(미사, 헌금과 다른 기도들)를 요구하는 죽은 자들의 환영이다. 미신과 이교 문명에서 참조 될 때까지 교묘한 교리상의 일치로 교회는 유령 이야기를 확산시키고 고무한다.

역설적으로 몸은 이러한 공상 속의 유령과 관계된다. 장-클로드 슈미트는 유령에 대한 자신의 중요한 연구에서 다음과 같이 지적하고 있다.[36] "꿈을 꾸는 사람이나 환영을 보는 사람의 정신에만 관련된 것이 아니라 유령은 몸에 영향을 미칠 수 있다. 유령들은 전적으로 비물질적인 것이 아니라 어떤 물질성을 가질 수 있다. 죽은 자의 유령인 경우에 죽은 자들의 몸에서 전적으로 분리되지 않고 시체와 관계를 유지할 수 있다."

사실상 수많은 이야기들에서 유령은 산 자들을 불태운다. 그것은 13세기의 유명한 『범례 exemplum』와 자신의 지식에 대해 자만하고 있는 대학 교수 셀로를 설득하기 위해 "유령은 그의 손을 순식간에 관통해 버리는 작열하는 땀 한 방울을 떨어뜨리게 한다."는 자크 드 볼라진의 『전설』에서도 이야기되고 있다. 특히 12세기 말 요크셔의 매혹적인 이야기에서 유령은 무덤에서 나와 산 자를 괴롭히고 심지어 산 자들과 싸우거나 산 자들의 피를 마신다. 셰익스피어는 물론 중세 시대 사람이다.

시신에서 '성자의 좋은 향기'가 나오는 성인들에게서와 같은 방식으로 유령들의 몸은 썩지 않는다. 성인과 악인의 몸은 이처럼 엄격한 생리적 법칙을 벗어난다. 죽음에 대한 중세적 표현에서 야기된 새로운 예술은 모든 생물학적 규칙 또한 피하고 있다. 즉 죽음의 예술인 것이다.

원전이 확실치 않은 '세 명의 죽은 자와 세 명의 산 자'에 대한 주제는 13세기부터 서구에서 확산되었다. 이는 각자의 운명을 이해하게 할 목적으로 세 명의 젊은이와 세 구의 시체 사이의 대화와 관련된 것이다. "첫 번째 죽은 자가 우리들은 당신들의 현재였었다. 당신들은 우리들의 현재가 될 것이다 라고 말한다." 어떤 역사학자들과 기호학자들은 '죽음의 macabre'라는 단어에서 언어를 통해 유해의 충격을 듣게 하는 하나의 의성어를, 다른 사람들은 마른 사람들의 춤을 본다(mactorum chorea). 그것은 어쨌든 죽음의 예술 다시 말해 시체와 관련된 작품은 특히 춤에서 성공을 거둔다.

앙드레 코르비지에의 지적처럼 "죽음의 시는 무엇보다 설교의 형태다."[37) 따라서 시들은 무엇보다 영혼에 호소한다. 하지만 죽음에서 견고하게 서열화되어 있지만 사회의 인간들을 통합하는 평등성을 상기시키기 위해서인 듯 부패하는 시신에 대한 강박관념은 보편적으로 존재하고 있다. "시를 잊게 된다면/아! 당신의 몸을 보라/썩어 악취를 풍기며 드러나 있는 죽음들/결국 당신도 이렇게 되리"라고 시인들은 노래한다. 그리고 사회적 풍자를 완성하기 위해 시는 왕의 시신에 대해 이야기한다. "그렇다고 시에서 고깃덩이를 제외하지는 않는다/시에선 무엇이든 가능하다."

죽음의 예술은 특히 성상화, 프레스코화, 조각, 장식문자, 판화나 카드 같은 온갖 형태의 표현으로 확대된다. '책의 대용(代用)'인 이미지는 중세 말인 14세기에 전개된 죽음에 대한 공포와 시체에 대한 혐오로 정신에 충격을 주었다. 흑사병과 나병은 이론의 여지없이 되살아난 죽음에 대한 공포에 큰 영향을 미쳤다. 사람들은 당시 죽음에 대해 더 사랑스러우며 거의 희극적이라고 생각한 해골로 표현하는 것을 좋아했다. 무덤과 프랑스 라그랑주 추기경의 묘지 같은 기독교인의 묘지 위에 죽은 사람의 사체상이나 횡와상이 나타났다. 무덤에는 지나는 사람이 자신의 덧없음과 겸허함을 생각해보게 하는 시신이 표현되어 있다. 즉 "너도 곧 나처럼 시(詩)의 먹이인 추악한 시신이 될 것이다."

공포가 고통과 임종의 순간에 초점을 맞추고 있는 것처럼 보이는 우리 시대와 대조적으로 중세 시대 사람들의 가장 큰 공포는 급작스러운 죽음이었다. 성급한 죽음은 치명적인 죄의 상태에서 죽게 되는 위험을 감수하게 하며 결국 지옥행 선고를 받을 수 있는 가능성을 높이게 된다. 종말의 시기에 대한 마태복음의 가르침처럼 하느님은 최후의 심판에서 악인을 정의의 사람들과 분리한다. 한편으로 사악한 자들은 지옥의 영원한 불길과 악마의 거품 속에 빠지며, 어진 이들은 천국의 정원으로 인도될 것이다. 죄인들에겐 지옥이, 독실한 사람들에겐 천국이 보장된다. 중세 시대의 남자와 여자는 천상 아니면 지옥을 전망하는 생각에 빠져 있었다.

천상 아니면 지옥이라는 이중적인 내세에 신약의 기독교는 최후의 심판인 몸의 부활에 대한 주제와 이야기를 덧붙이고 있다. 제롬 바쉐가 상기시키고 있듯이 "결국 내세에서의 운명은 영혼이 살아남는 것만이 아니라 부활한 몸이 영원히 살아가는 것이다. 따라서 지옥에 떨어진 사람은 몸과 영혼이 고통을 받게 되며 선택된 사람은 최고 선물로 부여받은 하느님의 영광을 나타내는 몸으로 천상의 지고한 행복을 누리게 된다. 아무런 노력

없이 완벽한 아름다움과 영원한 젊음을 간직하는 빛을 발하는 몸으로 바뀌게 되는 것이다. 이것이 기독교가 내세에서 이 땅에서 경멸받는 몸에 대해 약속한 구원이다."[38] 12세기 후반기부터 제3의 장소로 가장 많은 수인 보통의 죄인들을 위해 생각해 낸 일종의 기다리는 방인 연옥이 등장한다.[39]

지하에서 일종의 몸을 부여 받은 영혼은 지옥에서처럼 고통을 받긴 하지만 그곳에서 벗어나 고통을 끝낼 수 있는 희망을 가질 수 있다. 또한 신의 은총이긴 하지만 마찬가지로 '면죄부' 부여로 고통의 날들을 줄여줄 수 있는 교회의 도움을 받으면 천국에서 하느님의 영광을 나타내는 몸을 되찾을 수 있다. 따라서 죽음은 '죄의 대가'가 되었다. 내세의 지리적 분포 역시 두 가지 모호한 영역으로 풍부해진다. 예수에 의해 해방된 구약 성서 속의 족장들과 세례를 받지 못하고 죽은 어린아이들의 영역이 그것이다. 우리가 이미 보았듯이 세례를 받지 못하고 죽은 어린아이들의 영역은 지옥의 극심한 고통에서 벗어나도록 예정된 일종의 체이며 지옥에 대한 '은유'는 여전히 육체적인 것으로 바로 입이었다.

왜냐하면 제롬 바쉐가 프랑스와 이탈리아에서 표현했던 지옥에 대한 연구에서 훌륭히 입증했듯이 입은 11세기부터 '지옥을 표현하는데 거의 필수적인 소재'가 되었다. 일반적으로

이 같은 특징은 특히 파리, 샤르트르나 부르주의 성당 그림들에서 찾아볼 수 있다.[40] 초기엔 지옥에 떨어진 자들을 삼키는 페니키아 신화의 괴물 리바이어던의 거대하고 추한 입과 관련이 있었다. 지옥에서 최악의 고통은 또다시 육체적인 것이었다. 즉 성 삼위일체의 이미지를 박탈당한 영벌이다.

따라서 제롬 바쉐는 다음과 같이 지적하고 있다. "지옥은 동물적인 힘으로 나타난다. 그것은 날카로운 이빨, 일그러진 턱과 정신을 몽롱하게 하는 시선으로 강조된 불타는 적의를 드러내고 있다. 일렁이는 화염과 뱀들 속에서 동물과 괴물의 몸을 한 악마들은 팔과 이빨을 바삐 움직인다. 되는 대로 쌓여 있거나 끓는 솥에 들어 있는 지옥에 떨어진 자들 중에 머리에 씌어진 것을 통해 때로 왕과 주교들(천국에도 있기는 하다!)을 찾아볼 수 있다. 또한 목에 돈주머니를 메고 있는 수전노, 뱀이나 두꺼비에게 젖가슴과 성기를 물린 음란한 여인들도 찾아볼 수 있다."

14세기부터 리바이어던의 지옥 이미지는 점차 단테의 표현처럼 '고통의 황제' 다시 말해서 사탄으로 변화해 간다. 제롬 바쉐는 다음과 같이 기록하고 있다. "마찬가지로 사람들은 최악의 고통이 다양해지는 것을 볼 수 있다. 목매달아 죽이기, 자르기, 거세, 쇠꼬챙이 위에서 구워지고 있는 몸, 가죽을 벗기는 고문 등. 세속적 사법기관의 징벌에 대한 다양한 레퍼토리가 차용되고 대체로 이러한 가학적인 상상에 의해 그 도를 넘어서고 있다. 게다가 사람들은 저질러진 잘못에 대한 징벌을 각색하는 데 노심초사하고 있다. 화를 잘 내는 사람들은 서로를 칼로 찔러 죽이고, 수전노들은 녹인 금으로 새겨지고, 동성애자는 꼬챙이에 꿰어지고, 거만한 자는 사탄의 발에 밟히고, 음란한자들은 불 속에서 영원히 성관계를 하며 결합되어 있고, 탐식가는 먹을 수 없는 테이블 앞에 놓여진다."

결국 장-클로드 슈미트의 말처럼 중세시대에는 "마을 중심에 있는 묘지처럼 죽은 자들이 삶의 한가운데 있었다."[41] 중세 서구에서 몸을 관통하고 있는 긴장은 죽음의 경우에 한층 더 명확했다. 즉 "영혼은 '정신적'이지만 '벌을 받아야 했다.' 영혼은 중세 시대 사람들이 '육체적'이라고 말할 정도로 아주 구체적으로 상상했던 불이나 추위로 지옥이나 연옥에서 고통을 받았다."

장-클로드 슈미트는 사실상 중세 기독교는 두 가지 내면의 깊숙한 요구들 간의 모순을 전혀 해결할 수 없었다는 사실을 증명하고 있다. 즉 한편으로 하느님에게 더 가까워지기 위해 몸을 부정하고 비물질적인 '정신적인 것'을 자기 것으로 만들고자 하는 욕망과 다른 한편으로 보이는 것을 상상하고 결국 시간과 공간 속에 그것을 자리 잡게 하여 당연히 배제될 바로 그곳에서 장소, 형태, 부피, 육체를 이해할 필요성 간에 모순이 존재했던 것이다.

3
몸의 문명화

몸을 완전히 통제할 수 없었던 교회는 몸을 체계화하고 규제하고 특별하게 기록하는데 전념하게 된다. 자신이 반박하고 거부하고 수반하거나 조화시킨 고대인들과 이교도인들의 행위를 계승한 교회는 몸의 관행을 지배했다. 요리, 아름다움, 몸짓, 사랑과 나체 ……몸의 움직임으로 되어진 모든 개인적 사회적 삶의 영역은 유럽에서 승리를 거둔 기독교라는 새로운 이데올로기 속에서 정해지게 되었다. 하지만 그것은 오랫동안 계속된 변화와 관련이 있었다. 제도화된 기독교와 새롭게 나타나기 시작한 궁정 사회는 예의범절을 확립함으로써 '몸을 문명화'시키게 된다. 그렇지만 몸이 저항한다. 예를 들어 소외된 사람들의 세계와 에로티즘과 나체를 상상하도록 주어진 문학적 이야기들의 세계 속에서 몸은 저항한다. 사람들이 진수성찬을 즐겼던 대중적 축제들에서, 낙원에 대한 상상 속에서, 몸은 저항하고 있는 것이다. 이러한 모순과 대립을 가로지르며 끊임없이 운동하고 있는 몸은 우리의 문명화, 게다가 무수한 증거들 가운데 어떤 특성, 본보기, 영역을 받아들였던 문명화의 분명한 개념에 큰 기여를 하게 된다.

• 아가리(gula)와 식도락 •

어쨌든 서구에서 몸을 꿰뚫고 있는 긴장은 생생하게 유지되고 있었다. 몸을 매개로 금욕과 은둔주의, 고행과 금식이 받아들여졌다. 가장 나쁜 죄들 중 하나는 거의 언제나 색욕과 관련된 gula(아가리)였다. 수도사들은 몸의 영양학인 특별한 식이요법을 개발하게 된다. 생선과 그 이상으로 야채를 위해 게다가 은자들이 에덴동산의 이미지에 더 가깝다고 생각한 야생 식물과 풀을 위해 처음엔 고기가 금지되게 된다. 하지만 귀족과 고위 성직자들 사이에서 정치·사회적 수렴과 조화가 그들의 음식 관습을 어느 정도 유사하게 만들게 된다. 수도원들에서 고기가 다시 등장하게 되었다.

하지만 이미 보았듯이 음식은 쾌락의 주요 동기들 중 하나였다. 따라서 음식 습속의 문명화는 두 가지 서로 다른 방식으로 발전하게 된다. 한편으론 일반적으로 수도원 음식의 관행에서 비롯된 식이요법에 의해, 그리고 다른 한편으로 음식을 문화로, 요리를 식도락으로 변화시키는 세련된 형태처럼 귀족과 부르주아뿐 아니라 성직자들 중 사회의 상류 계층에서의 연구에 의해 발전한 것이다. 또한 사회 상류 계층의 방식은 음식에서 비롯된 쾌락을 존중하게 하기까지 한다.

두 가지 음식, 두 가지 문화 : 충돌

중세 시대는 밀의 문명화와 고기의 문명화란 두 가지 상반된 음식 모델을 계승하고 있다. 더 정확하게 말하자면 밀-포도주-기름 세 가지로 구성된 첫 번째 음식모델은 그리스 로마 지중해 고대인들의 음식 문화였다. 두 번째 음식모델은 야만적인 주민들, 특히 흔히 고대 저자들이 잔인한 성격의 암흑 상태에 있는 것으로 묘사하는 게르만인들의 음식문화였다. 물론 이는 거의 풍자에 가까운 도식이었다. 야만인들도 곡물을 재배해 먹었으며 이 곡물에서 보리로 만든 맥주인 자신들의 '민족' 음료가 나왔다. 호프로 만든 맥주는 14세기부터 보리로 만든 맥주를 대신하게 된다. 로마인들은 그들 옆에서 동물을 기르고 고기를 먹었다.

하지만 이러한 두 가지 음식 모델 사이의 대립은 로마 제국이 위협받던 3세기와 4세기에 고조되었다. 사실상 로마인들에게 고기 문명에 대한 밀 문명의 대립은 야만에 대한 문명의 대립과는 무관했다. 두 가지 음식 문명 간의 대립은 후에 사회의 한쪽 측면에서 고대 이교문명의 민중적 맥주, 사회의 또 다른 측면에서 기독교의 귀족적인 포도주로 다시 나타난다. 그렇지만 13세기 프란체스코회는 둘 사이의 서열화가 확립되지 않은 '포도주의 수도원'과 '곡물의 수도원'을 구분했다. 마시모 몬타나리가 지적했듯이 "이 두 가지 세계와 두 가지 문화 사이의 공존이 구현되었다. 충돌의 승자인 야만인들은 중세 유럽의 지도자 계급이 되었으며 로마 모델의 매력에 굴복해 그 가치들을 받아들였다."[1] 하지만 야만인들의 고대 음식 모델로의 변환에서 기독교의 힘을 무시할 수는 없다. 다시 말해서 그 지배력이 확대된 기독교라는 새로운 종교에 성스럽고 신성한 기본적인 음식들인 빵, 포도주와 기름 같은 음식들이 찬미되었다.

말하자면 긴장이 두 가지 음식 모델 사이, 특히 중세 상상력과 공간에서의 숲의 격상을 매개로 분명하게 남아있다.[2] 중세 시대는 사실상 혐오감을 불러일으키는 동시에 바람직하고, 많이 찾는 동시에 멀어진 숲을 문명화하게 된다. 사냥감의 저장고, 야생 식물 채취의 공간, 낚시와 양봉의 장소, 방목된 짐승을 사냥하고 사육하고 마르크 블로크의 말처럼 바로 '목수들 boisilleurs'이 우글거리는 숲은 농업과 포도 재배 모델을 보충하는 생산지가 되었다. 숲에서 알려진 유명한 동물인 큰 돼지는 지중해 민족들의 대지인 위대한 어머니와 거의 동일시되게 되었다. 요컨대 게르만과 로마의 모델은 중세 시대의 특수한 음식 문화를 창조하기 위해 충돌하게 된다. 중세 서구에서 곡물과 야채, 고기와 물고기가 혼합된 모델이 점차 확립되게 된다. 부자와 가난한 사람들은 이처럼 균형 잡힌 음식의 덕을 보게 되었다. 중세 초 사람들은 인구 증가의 압력이 약했고 또한 오랫동안 일반적으로 믿어졌던 것보다 분명 더 균형 잡힌 식사를 했기 때문에 식량부족이나 영양결핍을 보이지는 않았다. 사적인 생산 장소였던 채소밭은 세금이 면제되었으며 하루하루의 필요에 충당되었다. 따라서 중세 시대는 영양상의 균형이 유지되었다 할 수 있다. 물론 재해, 불평등과 질병이 만연했던 만큼 중세 시대 영양상의 균형이 안심해도 좋은 정도라는 말은 아니다.

9세기 이전 사냥은 자유로웠다. 오늘날 우리가 알고 있는 집돼지라기보다는 멧돼지에 가까운 거무스름한 돼지가 주로 사냥되었다. 기독교적 신성성에 대한 이교도들의 반기의 상징으로 보리와 밀로 만든 맥주가 이용되기는 했지만 포도주가 승리를 거두었다. 물은 병원균과 병원균들이 옮기는 질병 때문에 의심스럽고 의심받았다. 중세 시대는 로마 농업의 밀보다는 흔히 호밀, 귀리, 보리, 독일밀, 조, 수수 등을 더 선호했다. 가금은 특히 높이 평가되었던 반면 상징적 가치가 매우 컸던 사냥 거리는 일반적으로 믿어지는 것보다는 식품의 역할로서 중요성이 훨씬 떨어졌을 것이다. 중세 사회는 거세된 수탉을 찾기까지 했다. 중세 사회는 거세된 수탉 살코기(이번에는 동물의 또 다른 '몸에 대한 지식')의 미각적 가치를 알고 있었기 때문이다. '몸을 문명화'하는 것과 관련이 있었다. 따라서 중세 사회는 사냥 거리의 '야만적'인 살코기보다는 가금에 더 끌렸다고 말하는 것이 논리적이다.

불균형은 엄밀히 영양상에서라기보다는 사회적인 것이었으며 질적이라기보다는 양적인 문제였다. 식사에 의한 사회적 차별이 일어났다. 연회와 진수성찬(스폴레트의 공작이 프랑크 왕의 왕위를 요구하자 메츠의 대주교는 그에게 "소박한 식사에 만족하는 그는 우리를 지배할 자격이 없다."라고 말했다.), 비만과 식욕의 위엄, 다시 말해서 전사이자 귀족인 귀족계급은 통속적으로 상상된 천국과 같은 풍부함을 찬미했다.

9세기와 10세기의 인구 증가 —— 분명 상대적인 영양 균형의 상황 덕분인 —— 로 계속해서 줄어들고 있던 숲과 전원의 자원은 점차 사냥과 생산 공간을 독점한 상층 계급에 의해 몰수되었다. 마시모 몬타나리는 다음과 같이 말하고 있다. "아직 개간되지 않은 공간 이용권의 폐지나 적어도 아주 엄격한 규제 —— 중세 시대 중엽부터 늘 더 체계적인 방식으로 추구되었던 —— 는 음식의 역사에서 중요한 사건일 것이다. 하층 계급의 음식은 그 때부터 기본적으로 식물성 생산물(곡물이나 야채)에 기초한 반면 고기 소비(특히 사냥한 고기와 더 일반적으론 신선한 고기)는 소수의 전유물이 되거나 점차 분명하게 위엄의 외적인 특징으로 인식되었다."[3] 고대 그리스 로마 문명 사람들과 야만인들을 구별한 빵의 문명화와 고기의 문명화 사이의 대립은 이제 어떤 의미에서 그들을 이전하거나 대체한 가난한 사람들과 부자들의 문명화 사이의 대립으로 대체되었다. 결국 밀가루와 야채는 가장 가난한 시골의 공통된 식생활 재료가 되었다. 빵은 노동자계층과 활동에 가장 일치하는 것으로 판단되었다. 양고기와 특히 쇠고기가 풍부하고 새로운 도시인들의 식탁을 장식했다. 고기는 이처럼 몸덕분에 사람과 동물 사이에 있는 명예로운 전사의 몸에 획득된 권력, 힘, 육체, 근육과 동일시되었다.

예의범절

하지만 몸을 문명화시키기 위한 노력은 계속되었다. 노베르트 엘리아스가 선구적으로 입증하고 이어 장-루이 플랑드랭이 증명했듯이[4] 풍속의 문명화는 예의범절과 요리 기법에 의해 일어났다. 사회적 차별에 대한 관심과 거의 강박관념적인 쾌락에 대한 추구, 게다가 귀족과 부르주아 계급의 음식에 대한 지나친 관심은 음식을 문화로 요리를 식도락으로 변화시키는 지나친 기교의 형태에 이르게 한다. 요리 개론서와 요리 방법이 13세기와 14세기 사이에 생겨난다. 맛(후추, 계피나 생강, 라벤더나 갈랑가 뿌리, 꿀과 마른 과일의 단맛, 신 포도즙이나 레몬즙의 신맛과 같은 양념의 힘), 색상(사프란의 노란색, 과일 씨의 흰색, 체리나 신선한 퓨레의 붉은 색), 양념(설탕과 소금), 굽기(흔히 끓인 고기나 생선보다는 구운 고기나 생선을 선호했다.), 소스와 과자, 모든 요리 기법이 유럽 궁정들의 식탁처럼 부르주아들의 식탁에 활기를 불어 넣기를 원하고 추구하고 탐하는 기법에 결합되었다.[5] 여자들은 서민들이 사는 초가집에서 요리를 하고 어머니에게서 요리에 대한 지식을 배웠지만 직업적 요리사들은 코퀴나리우스 coquinarius 다시 말해서 구멍가게에서 자기 요리법의 결실을 판 음식점 주인이었다. 주인에게 매인 책임자인, 요리사나 요리장은 대 저택에서 중요한 인물이다. 보통의 식사나 특별한 식사는 '차별하는 동시에 통합'[6]하는 서열화되고, 규범화된 사회적 행동이었다. 음식에 대한 계획, 요리의 순서, 접대 즉 몸의 문명화는 요리 기법과 예의범절로 확립되었다. 침을 뱉고, 코를 풀고, 먹었던 음식을 손님에게 제공하는 것의 금지 등……중세 시대는 음식 관습을 문명화했다. 사람들은 더 이상 로마인들처럼 누워서 먹는 것이 아니라 앉아서 먹었다. 물론 사람들은 손가락으로 음식을 먹었지만 이슬람 문화권에서 식사하는 사람들의 모습처럼 엄격한 규칙에 따랐다. 초대받은 사람들 간의 적절한 거리 또한 존중했다. 이러한 '풍속의 문명화'의 물질적 결과는 중세 시대 이후 베니스를 통해 비잔틴에서 유래한 포크의 발명으로 이어졌다.

• 몸의 등장 •

중세 시대 풍속의 문명화는 몸짓의 문명화다. 영성을 지향한 이상적인 세계에서 육체적 금욕, 돌로 된 성전, 몸짓은 전혀 자연스럽지 않았다. 아주 의식화(儀式化)된 사회에서 몸짓 —— 기도할 때 모아 쥔 손, 봉건적 주종관계를 서약하는 입맞춤, 구두 약속과 계약들 ——, 움직임과 몸의 태도는 사회생활의 중심에 있었다. 표현과 버릇 또한 사회생활의 중심에 있었다. 중세 신학자들은 천국에서 선택받은 자들은 옷을 입고 있을까? 아니면 벗고 있을까? 하는 문제를 자문하고 있었다. 이 문제는 몸과 관련된 다른 많은 문제들처럼 몸의 억압과 찬양에 고민하던 사회에선 가볍게 넘어갈 수 있는 문제가 아니었다. 결국 나체는 하느님께 받은 아름다움인 원죄 이전의 순수에 대한 환기와 음란함 사이에서 동요하게 되었다. 따라서 여성의 아름다움은 유혹자인 이브와 구원자인 마리아 사이에서 이해되게 된다. 또한 의상은 갑옷과 몸치장 사이로 나아간다. 흔히 매춘과 결부시켰던 목욕과 증기탕은 고대의 지위와 규모를 회복하지 못했지만 나름의 방식으로 많은 표현을 통해 나타나게 되는 몸을 문명화하는 계기가 된다.

옷을 벗을 것인가 아니면 입을 것인가?

보통 사람들이 생각하고 있는 것과 달리 중세 시대 사람들은 나체를 혐오하지는 않았다. 교회가 나체를 비난한 것은 사실이다. 하지만 벗은 몸은 격상과 가치하락 사이에서 긴장의 한가운데에 남아 있었다. 기독교는 분명 육상선수들이 옷을 모두 벗고 행하는 고대의 관습 특히 체조 관행 —— 그리스어인 gymnos

는 나체를 의미한다. —— 과 분명히 단절했다. 하지만 결혼이 출산과 관련된 순간부터 무수한 그림들이 입증하고 있듯이 결혼한 부부는 벌거벗은 채 잠을 잘 수 있게 허용되었다. 이는 결혼한 부부에게조차 나체는 위험한 상황이 되었음을 의미한다. 또한 침대에서 벌거벗은 부부의 그림은 음란함의 표시로 인식되었을 것이다. 호색과 관련이 있는가 아니면 결혼규범과 출산규범에 복종하는 것이냐 여부는 맥락을 통해서만 결정될 수 있었다. 이처럼 타락한 나체는 어쨌든 아름다움과 죄, 순수와 악의 사이에서 동요했다.

아담과 이브는 중세 시대 벌거벗은 인간 몸의 양면성을 구체적으로 나타내고 있었다. 한편으로 아담과 이브는 원죄에 대한 징벌인 벌거벗은 몸을 감추려하고 있는 것으로 묘사된다. 하지만 다른 한편으로 그들의 몸 —— 원죄 못지않게 최초 인간의 순수를 환기시키는 —— 은 하느님께서 남자와 여자에게 준 아름다움을 상징하는 계기가 되어야 했다. 13세기부터 아담과 이브에 대한 빈번한 묘사는 중세 시대에 벌거벗은 인간 몸의 특징을 증언하고 있다. 마찬가지로 죽은 자의 부활에 대한 묘사에서 무덤과 관에서 나온 몸은 해골이 아니라 이미 살로 된 몸을 되찾고 있다.

그렇지만 나체는 일반적으로 악은 아니라해도 위험한 측면을 가지고 있었다. 벌거벗은 몸은 야만적인 측면과 광기적인 측면을 갖고 있었다. 크레티앙 드 트로이의 소설에서 기사 이베인이 미쳐 야생상태로 돌아가 짐승처럼 사는 숲으로 도망쳤을 때 그는 옷을 모두 벗어 버린다. 나체는 또한 에로티즘과 정숙치 못한 도덕적 위험에 대한 중요한 표시들 중 하나였다. 반면 의복은 몸의 치장일 뿐만 아니라 보호와 갑옷이었다.

수도사의 옷과 특히 군인의 복장은 나체와 대조되었다. 중요한 의식에 따라 사회의 가장 저명한 인물들에게 나체에서 의복으로의 이행이 일어났다. 즉 수도사와 성직자들의 서임식과 기사들의 서임식이었다. 왕의 대관식이 거행될 때 이전의 옷을 버리고 왕의 옷을 입는 것은 가장 중요한 이행 의식들 중 하나였다. 여기서 의복은 허물을 벗는 것과 옷을 입는 것의 모순적 본질을 나타내고 있다.

노출이라는 두 가지 공식적 행위를 통해 자신의 개종과 사도의 임무에 참여한다는 것을 밝힌 성 프란체스코의 사례는 특히 충격적이다. 첫 번째 행동은 재산, 자신의 사회적 지위, 모든 부를 엄숙하게 포기한다는 것을 보여주기 위해 아시시 주민, 자기 아버지, 주교 앞에서 벌거벗은 것이었다. 두 번째 행동은 대성당의 설교단에서 벌거벗고 설교한 것이었다. 이처럼 성 프란체스코는 12세기에서 13세기로의 전환기에 포기와 청빈의 신봉

자들에 의해 주장된 '헐벗은 그리스도를 헐벗고 따르라'는 명령을 문자 그대로 실행했다.

문학은 나체와 의복 간의 작용에 의해 예의 바름의 이상이 전문적으로 어떻게 표현되고 있는지 아주 훌륭하게 보여주고 있다. 궁정의 남녀 주인공들은 아름답다. 여자들에게 머리카락의 아름다움은 세 갈래로 땋아 늘인 머리를 이용해 벗은 몸의 아름다움을 부각시킨 반면 궁정 남자들의 몸은 특히 그를 볼 수 있는 다른 여성들 그리고 아내의 욕망과 감탄에서 나타난다. 아서왕 소설의 주인공인 랜슬럿은 머리칼, 눈, 입, 목, 어깨, 팔, 허리, 엉덩이, 다리 등 머리부터 발끝까지 아름답다. 궁정의 남녀 주인공들은 또한 의상의 아름다움으로 강한 인상을 주고 유행의 발전과 같은 것을 선호한다. 궁정풍의 나체는 양면적이다. 궁정풍 나체는 육체적 아름다움에 대한 찬가일 수도 있지만 음란함과 성본능의 강렬함일 수도 있다. 중세 시대의 남자와 여자가 갑옷이나 자기 몸의 벌거벗음을 이용한 것은 몸의 아름다움과 의상의 아름다움 사이, 순수와 죄 사이였다.

나체는 하나의 문제이자, 부활한 몸이 낙원에 가는 죽은 다음에도 긴장의 중추로 남았다. 선택받은 자들의 몸은 옷을 입고 있을까? 아니면 벗고 있을까? 이 의문은 많은 신학자들을 괴롭혔다. 두 가지 입장이 옹호되고 주장될 수 있기 때문이었다. 가장 순수한 신학적 해결책은 나체라는 것이었다. 최후의 심판 이후에 선택받은 자들에게 원죄는 지워지게 되기 때문이다. 의복은 타락의 결과이기 때문에 그것을 증명할 필요는 없었다. 다른 한편으로 나체는 신학에 속한 것이라기보다는 부끄러움과 감수성의 문제였다. 어쨌든 대부분의 신학자들은 나체에 우호적이었지만 다시 한번 승리한 기독교에 의해 교회 방식으로 관리되고 체계화되고 '문명화' 된다.

이브와 마리아 사이의 여성적 아름다움

중세 시대에 이브와 마리아는 여성적 아름다움의 두 가지 극단을 대표하고 있다. 이 두 가지 아름다움의 대립은 바로 여성에 대한 이미지의 핵심에 존재하는 긴장을 표현하고 있다. 한편으로 유혹자 더 나아가 죄인인 이브가 존재한다. 이는 원죄의 성적인 교훈에서 비롯된다. 하지만 동시에 중세 시대는 창세기의 하느님이 남자를 홀로 내버려두지 않고 아내가 되도록 여자를 창조했다는 사실을 잊지 않았다. 이처럼 이브는 남자에게 필요한 남자의 보조자를 나타낸다. 다른 한편으로 창세기와 원죄 이전의 이브는 무엇보다 아담처럼 벌거벗고 있었다. 또한 창세기의 아담과 이브가 중요한 주제가 된 중세 미술은 시대적 감수성에서 여성의 벗은 몸을 도입했다.

천국의 기준, 벌거벗은 모습, 유혹의 심리학에 의해 중세 시대는 여성의 아름다움을 발견했다. 프랑수아 빌롱은 '그토록 감미로운 여자의 몸'이라는 그럴듯한 말을 했다. 이브는 중세 시대가 몸, 특히 수많은 초상화로 여성의 얼굴을 발견하게 한 아름다움의 전형들 중 하나다.

이브와 대조적으로 마리아는 구원자로 나타난다. 그것은 세속적인 아름다움과 대조되는 성스러운 아름다움이다. 그리고 여성의 아름다움은 이러한 두 가지 아름다움 사이의 충돌로 이루어진다. 마리아의 몸은 찬미의 대상이 아니지만 그녀의 모습은 찬미의 대상이 되었다. 고딕 미술과 함께 13세기부터 특히 중세 시대 말에 강한 인상을 주었던 여성의 모습을 촉진하게 한 것은 이브와 마리아라는 여자의 이중적 모습이었다."

사람들은 현명한 처녀들과 무분별한 처녀들 사이에서 이러한 대립과 주제를 재발견한다. 이 주제는 성 마태(25장 1~13절)의 비유에서 비롯되었다. 즉 "10명의 처녀들이 신랑이 오기를 기다린다. 마침내 신랑이 도착했을 때 그들 중 5명은 기름이 가득한 자신의 등잔을 간직했다 불을 켠다. 이들은 현명한 여인들이다. 또 다른 5명의 처녀들은 등불이 꺼지게 내버려두었다. 그들은 무분별한 여인들이다. 복음 전도자가 이르기를 '깨어있으라 너희가 그 날과 그 때를 알지 못하기 때문이니라.'라고 결론 짓고 있다." 이 주제는 고딕 양식 조각들에 의해 여성의 이중적인 모습을 구체적으로 나타내고 그 존재와 육체적 행위에 관심을 끄는데 활용되었다.

목욕

경기장의 소멸이 중세 시대 스포츠가 사라졌다는 사실을 강조하고 있는 것처럼 공동 목욕탕의 소멸은 공중 목욕이 사라졌다는 것을 강조하고 있다. 때문에 미슐레는 『마녀 La Socière』에서 "천년동안 목욕을 하는 사람은 없었다."라고 쓰기에 이른다. 미슐레의 주장은 오류다. 중세 시대 사람들은 목욕을 했다. 우리는 중세 시대의 목욕에 대한 개인적·가정적 관습에 대해 잘못 배운 셈이다.

반면 우리는 특히 이탈리아에서 진짜 온천 개발이 발전했다는 사실을 알고 있다. 이러한 온천개발은 비잔틴에서 계속되어 7세기 옴미아드왕조 하에서 나타나 압바시드 왕조가 일반적으로 '이슬람 보편주의의 파라다임에 대해 말할 수 있을 정도로' 마그레브와 근동 에스파니아에까지 확산시킨 공중 목욕의 발전에선 어떤 영향도 받지 않은 것처럼 보인다. 이러한 온천 목욕 관행은 중세 기독교 세계가 침투할 수 없는 터키식 목욕이었다. 반면 이탈리아 그리고 투스카니에서, 기독교화된 에스파니아, 영국이나 독일에서도 온천 지역이 일반적으로 광상이라 부르는 것 주위에 나타났다.

가장 유명한 사례는 나폴리 북쪽에 있는 퓌졸의 경우다. 이곳의 평판은 13세기 몇몇 원고가 풍부하게 설명하고 있는 피에트로 데볼리 시「해안도시 주민들의 목욕에 대하여 De babneis Puteolaneis」의 대대적인 전파에 의해 강조되었다. 목욕하는 몸은 세례를 환기시킬 수 있는 맥락에서 드러내기 쉽다.

다른 한편으로 공중 목욕은 소도시를 포함한 대부분의 기독교 도시들에서 발전했다. 이것이 목욕실이다. 하지만 목욕실은 고대 공동목욕탕의 사회적 관습을 회복하지는 못했다. 목욕실이 원래 만남, 대화, 음주, 향연의 장소는 아니었다. 그렇지만 목욕실로 잘 알려지고 중세 시대에 교회에 의해 신랄한 비난을 받았던 일탈은 매춘이었다. 사람들은 때로 이슬람의 터키식 목욕탕과 기독교 목욕실이 발전하는데 차이를 보이는 것을 수치심에 대한 감정의 차이로 설명한다. 그것은 사실이 아니다. 유럽의 남녀가 점점 덜 공개적으로 행하게 된 나체를 비난하기 위해선 르네상스를 기다릴 필요가 있었다. 중세 시대의 남자와 여자는 목욕실이나 침대에서 벌거벗는다는 사실에 불쾌감을 느끼지는 않았다.

몸짓의 문명화

도시 무역과 행정의 비약적 발전이 글쓰기가 발전하는데 유리하게 작용했던 13세기 이전 중세 사회는 무엇보다 구어적이었다. 따라서 몸짓이 특히 발전했으며 심지어 거의 성직자들이 독점적으로 소유했던 문자 역시 중요하고 존경받은 육체적 몸짓이었다. 협정과 서약은 몸짓을 수반했다. 봉건적 주종관계의 신하가 되는 서약과 기사서임 의식 때 가신은 손을 모아 봉건 영주의 손 사이에 놓으면 영주는 가신의 손을 잡는다. 이것이 '손의 섞음 l'imixitio manuum'이다. 이어진 입맞춤(osculum)은 영주가 가신을 자기 가문에 받아들였음을 의미하는 표시이다.[8] 결국 가신들은 '입과 손으로' 가신으로 받아들여진다. 기도, 축복, 향피우기, 고해성사 같은 전례나 신앙의 모든 영역은 몸짓에 의해 부여된다.

몸짓의 서사시는 중세 시대에 가장 유행한 문학 장르에 속한다. 몸짓은 몸과 온 존재를 이용하기 때문이다. 사람의 외적인 표현(foris)은 영혼의 내적인 움직임(intus)과 표명을 알 수 있게 해준다. 하지만 무언극의 동작(gesticulatio)과 몸짓(gestus)을 구분할 필요가 있다. 즉 무언극의 동작와 다른 왜곡들은 악마를 상기시킨다. 여기서 여전히 긴장을 감지할 수 있다. 한편으로 몸짓은 내부적인 것, 충실성, 믿음을 표현한다. 다른 한편으로 무언극의 동작은 악의, 소유, 죄의 표시이다. 따라서 광대는 배척된다. 결국 웃음은 분명 입의 웃음이 불러일으키는 모습 때문에 비난받게 된다. 춤도 상반된 두 가지 성서 모델 사이에서 동요한다. 하나는 다윗왕의 춤이라는 긍정적인 예이고 다른 하나는 머리가 잘린 세례 요한의 머리 앞에서 살로메가 추었던 춤으로 아주 부정적이다. 어쨌든 교회가 보기에 춤은 전혀 품위 있는 행동은 아니었다. 교회는 몸의 변형, 육체적 왜곡과 몸을 비트는 짓을 비난했다. 결국 극장은 폐쇄되었다.

따라서 중세 몸짓에 대한 위대한 분석가인 장-클로드 슈미트가 "몸짓에 대해 말하는 것은 무엇보다 몸에 대해 말하는 것이다."라고 말한 것은 옳은 지적이었다.[9] 또한 중세 서구에서 "몸짓의 이유"를 밝히려는 성공적인 시도에서 그는 다음과 같이 결론짓고 있다. "따라서 몸짓은 찬미되는 동시에 강한 의심을 받았으며 보편적으로 존재하는 동시에 종속되었다. 도덕과 제식상의 규칙에 구속되긴 했으나 몸은 전혀 패배를 인정하지 않았다. 규범과 이성의 구속이 몸과 몸짓을 억압하면 억압할수록 다른 우스꽝스럽고(사육제와 함께) 신비한(중세 말 독실한 신자들과 채찍질 고행자들에게서) 민속적 유희적(광대와 함께) 몸짓의 표현 형태도 심화되었다." 몸짓 뒤에서 사순절과 사육제가 여전히 몸을 잇고 있었다. 또한 웃음처럼 말 또한 입에 의해 일어나는 육체적 현상이다. 입은 기도나 축복만큼이나 욕지거리와 저주를 뱉어내는 불완전한 여과장치였다.

• 각각의 단계에서의 몸 •

한편으로 몸짓(gestus)은 중세 사회에 체계화되어 가치를 부여받았으며 다른 한편으로 무언극의 동작(gesticulatio)은 무질서 혹은 죄와 동일시되었다. 몸의 변형과 왜곡 역시 무질서, 죄와 동일시되었다. 하지만 몸은 끊임없이 움직이며 폭발했다. 중세의 상상력 속에서 문학과 도판, 여행 이야기와 원고의 여백은 괴물들로 채워졌다. 이러한 현상은 수세기에 걸쳐 다양한 문명에서 지속되긴 했지만 괴물은 중세 시대에 꽃을 피웠다. 역사가인 클로드-클레어 카플러는 중세 시대는 기형과 이례적인 것이 보통이었고 대개 경시되었던 시대에, 몸짓 gestus과 무언극의 동작 gseticulatio이 형성한 한 쌍의 장애의 시대에 괴물을 훨씬 더 필요로 했을 것이라고 설명하고 있다.

중세 시대에 스포츠는 사라졌다. 경기들이 지속되기는 했지만 고대처럼 실행되지는 않았다. 경기장, 원형 경기장, 체육관은 육체적인 것에 반대하는 이데올로기의 희생물들로 사라졌다. 그렇지만 중세 시대의 남자들은 경기를 하며 분투했다. 중세 시대 남자들은 이전보다는 더 했지만 그래도 고대의 활동과 특히 다시 이어지기를 바라면서 스포츠라 불리는 것을 정의하고 창시한 19세기 이후로 오늘날까지보다는 훨씬 적게 경기를 했다.

기괴함

중세적 상상력과 도판 곳곳에 괴물들이 존재하고 있다. 어떤 괴물은 리바이어던처럼 성경에서 비롯된 것이었으며 또 다른 괴물은 히드라처럼 그리스 로마 신화에서 온 것이었다. 또한 많은 괴물들이 동양에서 '수입'된 것이었다. 중세 서구 꿈의 보물 창고였던 인도에 대한 상상력 속에서 사람들은 많은 괴물들을 찾아냈다. 조작된 어원연구에 따르면 많은 괴물들은 인간 이외에 엄청나게 많은 존재들을 창조한 하느님의 능력을 증명하고 있다. 클로드-클레어 카플러가 훌륭하게 분석하고 있듯이 괴물들은 육체적 특성에 따라 분류될 수 있다.[10]

기본적인 몇 가지 것(머리, 눈, 코, 혀 따위)를 결여한 괴물들, 일부 기관(귀, 목, 발, 아랫입술, 생식기)이 비대해진 괴물들, 기관이 하나로 축소된 괴물(눈이 하나인 키클롭스)이나 오히려 늘어난 괴물들(머리가 두 개, 몸이 두 개, 눈 팔 손가락이나 발가락의 수가 많은)이 존재한다. 몸이 비정상적으로 크거나 작은 거인과 난쟁이 괴물이 존재한다.

괴물들은 종의 혼합에서 비롯되었으며 특히 아주 많은 괴물들이 사이렌, 스핑크스, 센타우로스처럼 동물의 머리를 한 인간, 인간의 머리나 몸통을 한 동물처럼 잡종의 괴물들이었다. 뱀 혹은 물고기 꼬리를 한 여인으로 물질적·사회적 부부 역할을 하기 위해 꼬리를 감춘 인어는 흥미롭다.[1] 14세기와 특히 15세기에 유행한 도판 주제인, '원시인'처럼 살 수 있는 털로 뒤덮인 사람들이 존재했다. 또한 식인종과 불을 내뿜는 용처럼 파괴적인 괴물들도 존재했다.

성의 혼합은 중세 기독교인들의 성적 환상을 구현하는 남녀 양성을 구비한 사람을 제시했지만 비정상으로 판단된 피부색, 특히 흑인들의 색은 피부색에 결부된 인종주의적 경향을 어렴풋이 예감하게 했다.

중세적 꿈의 인도는 키클롭스, 가슴 어깨나 배꼽에 눈이 있는 사람들, 머리위로 올려 그늘을 만들 수 있는 거대한 발이 있는 시아포드로 가득 채워졌다. 이러한 피조물들은 일반적으로 비정상적인 육체로 특징지어졌으며 이는 괴물을 몸의 역사에 대한 중요한 증거가 되게 한다. 성 베르나르는 클뤼니 수도원의 돌로 된 괴물들을 비난하면서 어쨌든 그 괴물들이 야기하는 매혹을 증언하고 있다. "수도원에서 기도에 전념하는 형제들의 눈 아래 우스꽝스러운 괴물들의 회랑, 이 당황스러운 기형적 아름다움 그리고 이 아름다운 추함은 왜 생겨난 것일까?"

괴물의 몸에 대한 상상력은 성 조르주가 맞선 용의 묘사에 자유로운 흐름을 제시하고 있다. 악마는 인간을 두렵게 하기 위해 흔히 괴물의 형태를 띤다. 또한 기괴함의 세계는 아주 광대해 예를 들어 처녀성의 상징인 일각수같은 긍정적 상징주의에도 괴물들을 제공할 정도다. 이곳에도 여전히 긴장은 흐르고 있다.

스포츠?

역사가들은 오랫동안 '중세 인간'이 스포츠를 했느냐 여부에 의문을 가졌다. 그런데 중세 시대의 육체적 활동은 고대의 스포츠(특히 그리스의)나 소위 19세기 이후로 체계화된 것 같은 현대의 스포츠에 해당하는 것은 아니었다. '중세 스포츠'는 제도화된 조직 단체의 기본적 특성이나, 고대나 19세기 스포츠 르네상스 시의 경제적 조건을 나타내지는 않는다.

육체적 활동은 물론 중세 시대에 아주 중요했다. 육체적 활동은 특히 '몸을 문명화'하는 노베르트 엘리아스가 '문명화 과정'이라 불렀던 것의 일부이기까지 했다. 그런데 사람들이 노베르트 엘리아스가 『스포츠와 문명』[12]에서 제시했던 정의를 받아들인다면 중세의 육체적 경기를 지칭하는데 '스포츠'라는 용어를 사용하기는 어려워보인다. 왜냐하면 스포츠는 폭력적이지 않은 '육체적 투쟁'이 아니라 참여자의 사회적 평등을 가정하고 반복 가능한 특정장소(체육관과 경기장 따위), 고유한 경쟁 일정처럼 상대편이 공유하고 있는 규칙을 요구하기 때문이다. 로저 샤티에르가 늘 논의되는 자신의 걸작 서문에서 지적하고 있듯이 "사실상 용어의 연속성 혹은 몸짓의 유사성이 혼돈되어서는 안 된다. 현대 스포츠와 고대 경기 간에는 지속성보다는 차이가 더 크다."

중세 육체 활동의 첫 번째 특징은 대중적 경기로 사회 상류계층의 특별한 관행을 보여주는 것을 목적으로 하는 것과 군조직 획득을 목적으로 하는 기사의 육체적 경기가 거의 완전히 분리되어 있다는 점에서 찾아볼 수 있다. 이러한 사회적 차이는 특히 토너먼트에서 분명하게 드러난다. 조르주 뒤비는 『보뱅인들의 일요일』[13]에서 토너먼트는 거대한 조직을 불러일으켜 근대와 현대 스포츠가 요구하는 조직과 거의 다르지 않은 경제적 동기에 부응했다고 강조하고 있다. 한마디로 토너먼트 조직은 시합을 위한 것이 아니었다. 가장 주목할만한 특징인 정식 팀이나 경기장은 존재하지 않았다.

중세 시대에 행해진 육체적 활동을 했던 다른 집단은 사회의 하위 계층 특히 농민 집단이었다.

이 활동들 역시 호전적 측면을 내포하고 있었으며 적어도 방어전 영역에 속했다. 그들은 대개 투쟁을 중심으로 재집결했다. 하지만 중세 집단들은 경쟁, 체계화와 함께 '스포츠'가 되게 된 다른 경기들도 했다.

이 경기들 중 두 가지가 중세 시대 남녀의 일상적인 삶에 끼친 영향과 중요성으로 깊은 인상을 남긴다. 첫 번째 것은 테니스의 원조라 볼 수 있는 것으로 실내 폼구장이다. 게다가 그것은 더 넓게 보아 바스크 지방의 민속경기인 펠로타와 유사하다 할 수 있다. 두 번째로 축구의 원조라 할 수 있는 소울 la soule이 있다. 그런데 이 둘 중 그 어느 것도 스포츠로서 행해지지는 않았다.

어쨌든 이론의 여지가 있기는 하지만 베르나르 메르드리냑이 시사적인 『중세 시대의 스포츠』[14)]에서 분명하게 강조하고 있는 것처럼 중세 문명화는 '운동하는 몸'에 중요한 자리를 내주었다는 점엔 변함이 없다. 또한 몸짓 이상으로 구기 경기를 포함한 행사들에 각각의 의미를 부여할 필요가 있다. 공은 몸의 행위에 결부된 중요한 소도구로 나타났다. 그리고 여기서 또한 기사와 영주의 축연이라는 틀 내에서건 서민의 축제라는 틀 내에서건 일반적으로 광대라 불리는 사람들의 활동을 덧붙일 필요가 있다. 16세기에 들어서야 나타난 서커스라는 활동과 조직의 틀 내에서의 광대의 활동은 근대와 현대에 곡예로 변화된 것과는 분명 다른 몸의 이용을 의미한다.

중세 시대엔 경기장도 서커스도 스포츠도 없었다. 이러한 활동에 국한된 특정 장소가 없었기 때문이다. 들판, 마을, 광장들은 늘 몸, 더우기 노베르트 엘리아스의 용어를 빌리자면 공개적으로 몸이 맞부딪치는 '유쾌한 흥분'과 강한 긴장이 전개되는 장소로 이용한 즉흥적 공간들이었다. 그렇지만 오늘날에도 줄다리기나 브르타뉴 순례제 때 들판에서 벌어지는 싸움에서 중세시대의 경기와 운동의 연속성을 볼 수는 있다. 하지만 중세의 육체적 시위와 중요성을 인정해야한다 해도 그것을 스포츠와 동류시할 수는 없다.

중세 시대 스포츠의 쇠퇴이후 근본적인 사회 문화적인 변화들이 19세기의 스포츠 르네상스를 설명하고 있다. 특히 산업혁명과 함께 경쟁의 도입은 경제 분야 이외의 영역으로 확대되었다. 결국 팀을 구성하기에 이르는 구기 경기라는 집단적 스포츠가 탄생한다. 근대 귀족 사회와 함께 영국 대학에서 생겨난 럭비와 축구는 유럽 전역으로 확대되었다. 권투도 링처럼 새로운 스포츠 활동 장소의 설립과 함께 더 늦게 앵글로-색슨인들에게서 생겨난다.

주로 '스웨덴 체조'의 비약적 발전으로 게르만과 스칸디나비아 지역에서의 체조의 발전은 건강관리 원칙에 상응하는 19세기 몸에 대한 이데올로기와 새로운 문화를 수반하게 된다. 건강관리제도에 또 다른 육체적 이데올로기가 추가된다. 즉 바로 집단적이기보다는 개인적 —— 특히 육상종목들에서 —— 이 되게 된 기록이 그것이다. 오래된 고대 이데올로기 즉 mens sana in corpore sano(건강한 신체에 건강한 정신)과 전혀 다른 상황으로의 회귀였다.

이 모든 일련의 사회·경제적, 정치·상징적 요소들이 19세기에 새로운 이데올로기의 발전에 기여하게 되며 결과적으로 중세 시대를 뛰어넘어 고대 그리스-로마의 이데올로기와 관행에 결합되어 1896년 올림픽 경기를 창설하기에 이르게 한다. 따라서 이 점에서 중세 시대는 원형이 되지 못했다.

4
은유로서의 몸

국가, 도시, 교회, 대학, 인간 ……몸은 중세 시대에 하나의 은유가 되었다. 그것은 물론 서구에서 새삼스러운 일은 아니었다. 플라톤은 『공화국』에서 배(농민)와 다리(수호자들)에서 머리(철인왕)를 분리해 구분하면서 이미 '이상적 도시'의 유기체적 모델을 제시했었다. 이후 홉스는 『리바이어던』(1651)에서 흔히 그 자체가 다수 인간 사회의 몸으로 형성된 거인의 몸으로 상징화된 국가의 이미지를 답습하게 된다.

어쨌든 제도를 나타내기 위해 몸에 대한 은유가 뿌리를 내린 것은 중세 시대였다. 신자 공동체인 교회는 예수를 머리로 한 몸으로 생각되었다.[1] 도시들도 결탁과 도시 공동체의 비약적 발전으로 '신비주의적인 몸'[2]을 형성하는 경향이 있었다. 대학으로 말하자면 진짜 '권위가 있는 몸'[3]으로 기능했다. 세계와 인간 사이의 유추가 발전하기는 했지만 중세 시대 몸의 은유에 대한 결과는 주로 정치적인 문제를 둘러싸고 짜여지고 행해졌다. 인간은 축소된 우주가 되었다. 또한 벗은 몸은 12세기로 거슬러 올라가는 힐데가르트 드 빙겐의 『신성한 작품들에서 자유로운 Libre des oeuvre divines』(Liber divinorum operum)에 그려진 루크 수사본의 멋진 장식문자에서처럼 자신이 존재하는 세계의 중심에 있는 작은 세계로 재현된다.

• 인간 – 소우주 •

베르나르 실베스트르의 개론 『대우주와 소우주 혹은 인간 세상에 대하여』(『De mundi universitate sive megacosmus et microcosmus』), 비범한 수녀원장 힐데가르트 드 빙겐과 그녀에 못지않게 비범한 헤라데 드 란트베르크, 위기 드 생-빅토르, 호노리우스 아우구스토두네시스와 함께 '인간-소우주'라는 주제는 12세기 샤르트르회 수도원 학파 내 철학에서 꽃을 피웠다. '인간-소우주'라는 주제는 13세기 백과전서파 문학과 계몽 문학에 계승되었다. 아리스토텔레스에서 비롯된 달 아래 세계에서 그리고 대성공을 거둔 점성술에 의해 발전된 천체의 영향 하에 몸은 우주의 상징적 은유가 되었다.

몸에 대한 은유는 분명 생각과 감정의 장소로서 가슴(pectus)과 심장(cor)이 은유적 이용에 적합하긴 했지만 고대엔 머리-내장-사지(caput-venter-menbre) 체계를 위주로 주로 연결되었다.

내장 중에선 간(그리스어로 hepar, 혹은 흔히 jecur나 jocur)이 특히 중요한 상징적 역할을 했다. 먼저 간을 일종의 성스러운 기관으로 만들었던 에트루리아인들에게서 계승된 점술에서 그리고 이어 정열의 중추 기능에서, 간은 중요한 상징적 역할을 했다.

고대 로마 역사가 티투스 리비우스에 따르면 메네니우스 아그리파의 교훈적 우화에서 몸에서 조정 역할을 하는 것은 배이며 사지는 배(내장 전체를 가리키는)에 복종해야 한다. 배는 혈액을 통해 영양을 공급한다. 영양은 혈관을 통해 몸 전체로 보내진다. 따라서 중세 시대는 고대의 은유들을 계승한다.

심장, 흥분한 몸

13세기에서 14세기까지 심장의 이데올로기가 이따금 흥분에 국한된 상상력에 유리하게 꽃피워 확산된다. 12세기말 신학자 알랭 드 릴은 이미 '몸의 태양인 심장'이라고 찬미했다.

특히 13세기 프랑스 문학에 슬그머니 끼어든 먹혀버린 심장이란 주제가 예시하고 있듯이.『풍자의 단시 Lai d'Ignauré』에서 12명의 남편은 자신들의 부정한 아내의 연인을 거세한 후 죽여 심장을 꺼낸 다음 부정한 아내에게 먹게(남근과 함께) 한다. 『쿠시 성주와 파이엘 부인에 대한 이야기』의 한 여인도 도중에 연인의 심장을 먹어야 하는 잔인한 식사의 희생자이다.[4] 에로틱한 궁정 이야기는 이러한 강박관념적인 영향을 입증하고 있다. 15세기 중세 시대 가을 슬픔의 근원으로 간주되는 목성의 우울함 속에서 심장에 대한 우화는 선한 왕인 르네에게『정신적 사랑의 정수』[5]에 대한 영감을 불어 넣는다. 15세기 고통의 특권적 장소인 심장의 순교에 대한 주제가 심화된다.

심장에 대한 이미지의 변화를 알기 위해선 15세기라는 전통적 중세의 시대적 한계 이상으로 나아갈 필요가 있다. 16세기 말 특히 17세기에 심장의 은유에 대한 느린 '진보'는 예수의 성스러운 심장에 대한 숭배에 이르게 한다. 예수의 성스러운 심장은 성 베르나르의 '예수의 아주 온화한 심장'과 오른쪽 옆구리에서 왼쪽 옆구리에 이르는 십자가에 못 박힌 예수의 상처가 이전된 심장의 측면으로 12세기부터 준비된 심장에 대한 신비주의 신학의 바로크적 변형이었다. 같은 시대인 15세기에 성모

의 심장은 7가지 고통의 양날 검에 찔린다.[6]

16세기부터 프란시스코회 장 비트리에르와 사르트르회 수도원의 장 랑스페르주의 신비주의 정신에서 '심장'이란 용어의 중요성과 다의성이 명백히 드러난다. 예수의 성스러운 심장에 대한 숭배는 중세 '바로크' 시대에 성 제르트뤼드 델프타(1301년이나 1302년 사망)와 1523년부터 1530년까지 콜로뉴 사르트르회 수도원 수련 수도사들의 스승이었던 장 랑스페르주의 글에 의해 전개되었다.[7]

루이 9세가 필립 3세가 된 아들과 딸 이사벨르에게 죽기전 남긴 교훈에서 몸/영혼 이 한쌍은 전혀 나타나지 않았으며 기독교적 개인의 구조와 기능을 표현한 상반된 은유가 몸/심장 한 쌍의 은유였다는 것은 충격적이다. 심장은 인간에게 정신적으로 존재하는 모든 것을 흡수했다.[8]

머리, 지도하는 기능

로마인들 —— 대부분의 민족에게서처럼 —— 에게 머리(caput)는 사람의 생명을 구성하는 힘인 영혼을 포함하고 몸에서 지도하는 기능을 행하는 기관인 뇌 부분이었다. 역사가인 폴-앙리 스탈은 참수형의 관행 —— 고대와 중세에 흔히 시행되었던 —— 이 머리의 미덕에 대한 믿음을 어떻게 증언하고 있는지 잘 보여주고 있다. 머리에 대한 추구는 소멸시키고자 하는 욕망과 흔히 이방인, 희생자나 적의 힘과 개성을 자기 것으로 삼고자 하는 욕망에 의해 고무되었다.[9]

머리의 상징적 가치는 특히 기독교 체계에서 강화되었다. 왜냐하면 서열에 대한 기독교적 원칙의 표현 즉 그리스도가 교회 다시 말해서 사회의 머리일 뿐 아니라 하느님은 그리스도의 머리라는 높고/낮은 기본적 하위체계에서 높은 것에 대한 가치 부여에 의해 머리의 상징적 가치가 풍부해졌기 때문이다. 또한 바울은 고린도 전서에서 "그리스도는 모든 남편의 머리이지만 아내의 머리는 남편이다. 또한 그리스도의 머리는 하느님이다."(1편 11장 3절)라고 말하고 있다. 결국 머리는 고대 생리학에 따라 일관성과 발전의 원동력이다.(고린도 전서 2장 19절)

심장에 대한 은유적 강화는 훨씬 더 중요하다. 사비에르-레옹 뒤푸어의 지적처럼 신약 성서에서 심장은 '생명을 구성하는 힘의 장소'일뿐 아니라 은유적 의미에서 일반적으로 사용되는 심장은 마찬가지로 "지적인 사고, 믿음, 이해력의 원천"인 감정적이고 내적인 삶을 가리킨다. 심장은 '결정적인 선택, 도덕적 의식, 불문법, 하느님과 만나는 것의 한 가운데' 있다."[10]

아리스토텔레스는 심장을 감정의 원천이라고 정의했으며 중세 아리스토텔레스주의는 이 주제를 계승하고 있다. 성 아우구스티누스도 심장을 '내적인 인간'의 부위로 만들었다. 사랑 선언의 세기인 12세기에 특히 성서의 『아가』에 대한 무수한 주석에서 찬미된 성스러운 사랑과 궁정 사랑의 형태를 취하는 세속적인 사랑이 동시에 명확해진다. 심장의 정치 상징 분야에서 죽은 후 몸을 분할하는 왕과 권력자들에 대한 관습은 '심장 무덤'의 건립을 증가시켰다. 교황권과 충돌한 필립 르 벨은 실질적인 '심장의 정치'를 실행했다.

간, 중요한 패배자

반면 은유의 지위에서 '패자'가 존재한다. 그것은 간이다. 점 —— 이미 시대에 뒤떨어져 있었고 로마인들에겐 늘 '낯설었던' —— 에서 간의 역할은 이미 꿈에 대한 해석에서 보았듯이 기독교인들이 모든 이교도적인 점의 형태에 대해 거부했기 때문에 완전히 소멸했을 뿐만 아니라 간의 '생리적-상징적' 지위는 아주 경멸적인 의미를 부여받고 있었다. 중세 기독교의 육체적 은유 영역에서 생리학과 도덕적 상징주의를 결합한 기초 '과학' 지식의 대표자인 이시도르 세빌에 따르면 'In jecore autem consistit voluptas et concupiscentia'(간은 욕망의 부위이다). 이 문장은 간의 생리적 기능에서 정의를 이끌어낸다. "간 le foie 은 뇌로 올라가는 불의 부위라는 사실에서 그 명칭을 끌어낸다(던지다 보내다 발산하다는 의미의 jacio와 jeci에서 끌어낸 어원). 불은 간으로부터 눈, 다른 감각과 사지로 확산된다. 열 때문에 불은 영양을 취하기 위해 각 사지로 제공하는 피에서 영양분을 끌어낸 체액을 변화시킨다."

간 —— 흔히 '배'나 '내장'이라고 말하는 —— 은 따라서 몸의 부끄러운 부분인 허리 아래의 낮은 쪽에 보내진다. 또한 간은 성 바울과 성 아우구스티누스 이래 기독교가 추적해 억압한 욕망, 색욕의 부위가 된다.

손, 양면적 도구

몸의 상징 체계에서 손은 중세 시대에 당대의 사회·이데올로기적 긴장을 드러내는 예외적인 위치를 차지하고 있었다. 손은 우선 보호와 명령의 표시였다. 그것은 무엇보다 인류를 이끌기 위해 하늘에서 내려온 하느님의 손이 그랬다. 손은 성직자와 더 일반적으로 기독교인을 규정하는 기도에 이용된다. 기도의 가장 오래된 모습은 초기 기독교 미술에서 볼 수 있는 예배 인물상의 기도이다. 손은 탁월하게 몸짓을 완성한다.

하지만 손은 천한 일과 고행의 도구이기도 하다. 성 베네딕트는 노동의 일반적 복원에 기여함이 없이 수도사 의무의 첫 번째 순위에 육체 노동을 기재한 것은 속죄와 굴욕이라는 이중적인 명목에서였다. 우리가 이미 보았듯이 뤼트뵈프의 시는 '육체노동자가 아니다'라고 분명하게 주장하고 있다.

손의 양면성은 봉건제의 핵심으로 신하가 되는 서약인 봉신제에서 재발견된다. 가신은 복종과 또한 신뢰감의 표시로 영주의 손에 자신의 손을 놓는다.

몸의 또 다른 부분은 영주와 가신의 상징적 합의를 최종적으로 확인한다. 화합의 상징적인 입맞춤과 함께 하는 입이 그것이다. 그리고 이러한 입맞춤은 입에다 하는 입맞춤이다. 입맞춤은 궁정 봉신제의 영역으로 서서히 변화한다. 즉 입맞춤은 기사와 그의 여인 사이의 궁정풍 사랑의 상징이 된다.

• 육체적 은유의 정치적 이용 •

몸의 각 부분과 인간이나 동물의 몸이 가진 기능을 동시에 이용하고 있는 육체적 은유에 기초한 사회 유기체 개념은 고대초로 거슬러 올라간다.

라 퐁테엔느에서 가장 유명한 우화들 중 하나에 이르는 사지와 위에 대한 교훈적 우화는 최소한 이솝(286과 206우화)으로 거슬러 올라가며 로마 역사의 전통적 일화인 494년 성스러운 산(더 늦게 나온 이야기들에선 아방탱으로 대체된다)위 평민의 이탈에서 등장한다. 티투스 리비우스(2장 32절)에 따르면 집정관 메네니우스 아그리파는 이 우화의 도움을 받아 머리(로마 원로원)와 사지(평민) 사이에 필연적인 결속뿐 아니라 평민의 로마 원로원에 대한 의무적 복종을 민중에게 호소함으로써 평민의 이탈을 막는다.

결국 육체적 은유의 정치적 이용은 중세 기독교에 대한 고대 그리스-로마의 유산이었을 것이다. 따라서 의미를 수정함으로써, 강조점을 대체함으로써, 일부 가치를 다른 가치로 대체함으로써, 은유적 이용에 평가절하와 가치 부여의 과정을 거치게 함으로써 일반적으로 이교도적 소재를 계속해서 활용하고 있는 가치의 외형적 변화들 중 하나를 간파할 수 있을 것이다.

머리인가 아니면 심장인가?

육체적 은유에서 비롯된 기독교 체제는 특히 머리/심장 한쌍에 기초하고 있다. 기독교 체제에서 은유들에 힘을 실어주는 것은 교회가 신자 공동체로서 그리스도가 머리인 몸으로 여겨진다는 사실이다. 그리스도에 의해 하나의 몸의 단위로 귀착된 여러 개의 사지와 유사한 신자들에 대한 이해는 바울에 의해 확립되었다.[11] "우리가 한 몸에 많은 지체를 가졌으나 모든 지체가 같은 기능을 가진 것이 아니니 이와 같이 우리 많은 사람이 그리스도 안에서 한 몸이 되어 서로 지체가 되었느니라."(12장 4~5절)라고 바울은 로마인들에게 보낸 사도 서한에 명시하고 있다. 바울은 여자에 대한 남자의 지배와 교회에 대한 그리스도의 지배를 비교하기까지 하고 있다. "그리스도가 교회의 머리인 것처럼 남편은 아내의 머리이며 남편은 아내 몸의 구원자이지만 교회가 그리스도에 종속되듯이 아내는 모든 것에서 남편에게 종속된다."(5장 23절) 이것은 지배와 복종의 문제와 관련이 있다. 여기선 남편의 권력만이 문제가 되기는 하지만 우리는 당연히 권력의 지배를 받는다.

교회를 몸으로 보는 견해는 소위 중세 교회론인 그리스도의 신비주의적인 몸에 대한 이해로 영향력을 행사했다.[12] 이러한 견해는 카롤링거 시대 정치 이데올로기에 스며들어 있다. 교회의 화신인 제국은 그리스도가 머리이고 사제의 인격과 국왕의 인격 다시 말해서 교황과 황제 혹은 왕이라는 두 가지 인격을 통해 지상을 통치하는 하나의 몸을 형성한다.[13]

머리에서의 눈처럼

몸의 각 부분에 대한 은유적 이용은 중세 초에 윤곽이 잡히고 이어 그레고리우스 개혁 시기인 카롤링거 시대에 정치화되었으며 마지막으로 12세기에 특히 이러한 비유가 선호되었다.

이에 대한 아주 흥미로운 텍스트는 소위 '그레고리우스' 개혁의 중요한 주창자들 중 한명으로 추기경이 된 움베르 드 무와이앙무티에르라는 로렌의 수도사가 쓴 『성직매매에 대하여 Contre les simoniaque』(1057)라는 제목의 개설서다. 그는 사실상 사회 유기체론적 판화로 중세 서구에서 최초의 성공시기로 인정한 사회의 유명한 3가지 기능 도식 —— 성스로운 것, 전사, 일꾼의 기능 —— 을 결합하고 있다.[14] 당시 개혁적인 성직자들의 이데올로기에 따르면 이 수도사는 성직자와 세속적 귀족과 관련해 일반 민중의 종속처럼 속인에 대한 성직자의 우위를 주장했다. 즉 "성직자 계급은 머리에서의 눈처럼 교회에서 제1계급이다. '네게 상처를 입히는 자는 내 눈의 동공에 상처를 입히는 것이다.'(즈가리야, 2, 8)라고 주께서 말씀하실 때 그 분께서는 성직자에 대해 말씀하시고 있다. 세속적 권력은 그 힘이 교회에 순종하고 교회를 보호하는데 길들여진 가슴, 팔과 같다. 열등한 사지이자 몸의 끝에 있는 것들에 유사한 일반 대중은 교회와 세속의 권력에 종속되어 있지만 동시에 그들에게 필수불가결한 존재다."[15]

국가는 하나의 몸이다

유기체론적 은유의 정치적 이용은 솔즈베리의 존의 『여러 정치가들 Policraticus』(1159)에서 고전적 정의에 이른다. "그는 국가(Republica)는 하나의 몸이다라고 썼다. 왕은 국가에서 머리의 위치를 차지하며 오로지 하느님과 땅에서 그의 대리자인 사람들에게만 종속된다. 인간의 몸에서 머리도 영혼에 의해 지배되기 때문이다. 상원은 선하고 나쁜 행위에 자극을 주는 심장의 자리를 차지한다. 눈, 귀, 혀의 기능은 재판관과 지사에 의해 보장된다. '관리'와 '군인'(offociales와 milites)은 손에 비유될 수 있다. 왕의 정식 보좌인들은 허리이다. 재무관과 서기들 —— 그는 나는 감옥의 책임자들이 아니라 사적인 부를 가진 '고관들'에 대해 말하고 있다고 분명히 했다. —— 은 배와 장을 연상시킨다. 지나친 탐욕으로 채워지거나 지나친 완고함으로 그 내용을 억제한다면 그것은 치유할 수 없는 무수히 많은 병을 낳게 하며 그들의 나쁜 버릇으로 몸 전체의 파멸을 야기할 수 있다. 늘 땅에 붙이고 있는 발은 농민이다. 몸을 위해 땅위에서 걷는 동안 무수히 많은 굴곡을 마주치게 되고, 몸 전체를 서서 지탱하고 움직이게 하기 위해선 적당한 압력을 필요로 하는 만큼 발은 머리의 지배를 필요로 한다. 아무리 건강한 몸이라도 지탱하는 발을 제거하면 몸의 힘만으론 앞으로 나아갈 수 없으며 그렇지 않으면 그다지 효과도 없이 부끄럽고 힘들게 손으로 기어가거나 짐승처럼 이동하게 될 것이다."

이러한 주장은 중세 시대의 정치·제도적 현실에서 시대에 뒤떨어져 조악하게 적용되고 있음을 보여주고 있다. 예를 들어 상원과 재무관은 시대착오적이다. 솔즈베리의 존은 사실상 이 텍스트를 플루타르크가 트라이야누스 황제를 위해 작성했던 정치 교육 개설서의 일부로 제시하고 있다. 존의 추정은 그럴듯하게 왜곡된 것이었다. 해석가들은 일반적으로 이 텍스트가 후에 라틴어로 번역된 그리스 후기 텍스트와 관련이 있으며 솔즈베리의 존은 12세기 교양인들 사회에서 전해졌던 플루타르크에 대한 왜곡된 추정을 간직한 채 자신의 개론서에 끼워 넣었다고 생각했다.

하지만 또 다른 주석자들은 샤르트르회 수도원 철학자가 꾸며낸 고대 텍스트의 모방작품과 관련이 있다고 생각하는 경향이 있다. 어쨌든 『트라이야누스의 제도 Institutio Traiani』라는 텍스트는 사람들이 12세기 르네상스라 부르는 것의 특징인 일반적 인문주의자들의 정치사상을 표현한 것이자 중세 시대 말과 13세기 군주들의 생각을 반영함으로서 흔히 취해진 주제에 대한 설명이었다. 게다가 중세 시대 위대한 정치 사상가들 중 한명에게서 나온 이러한 텍스트에서 몸을 국가의 기능에 따라 할당한 것은 거의 의미가 없다. 하지만 이 텍스트는 정치 분야에서 유기체적 은유의 중세적 기능에 대한 증언으로서 흥미롭다.

 최고의 기능은 군주인 머리(혹은 더 정확하게 말해서 12세기와 13세기의 국왕)와 가설상의 상원인 심장에 분배된다. 머리에는 재판관과 눈, 귀, 혀 —— 흔히 행정적 혹은 관료주의적 군주정치라 부르는 것을 표현하는 상징들 —— 에 의해 상징화된 지방과 대비되는 다른 최고의 대표자들로서 사회의 존경할만한 사람들이 존재한다. 다른 모든 사회 직능대표의 범주들은 덜 고귀한 부분에 의해 대표된다. 관리와 군인은 평판이 좋지 않은 육체노동과 세속적인 팔의 존경할만한 역할 사이에서 양면성을 가진 몸의 부분인 손에 비교된다. 농민들은 발과의 비유 다시 말해서 인간의 몸을 바르게 지탱하고 걸을 수 있게 하지만 인간 몸의 가장 낮은 부분과의 비유를 벗어나지 못했다.

 이 텍스트는 마찬가지로 11세기와 12세기 교회저자들의 맥락 속에서 사회 하층의 기본적 역할에 대해 강조했다. 교회저자들은 상위 계급의 멸시와 수탈을 초래하면서도 그들을 부양하는 시골 대중의 비극적인 상황을 강조했다. 하지만 가장 부정하게 위치된 이들은 3번째 기능을 가진 특수한 대표자들이다. 그들은 경제를 구체화하고 특히 금전을 다룬다. 고대 사상과 기독교 사상은 부의 축적을 멸시하는데 일치했으며 부의 축적을 배와 장의 역겨운 주름에 위치하게 했다. 이는 관대하지도 후하지 않은 수전노로서 국가가 인색하게 축적한 재정 보유고라는 혐오스러운 변비증의 부위로 악과 질병의 문화를 들끓게 하는 분명 품위가 떨어지는 자리였다.

거꾸로 뒤집힌 머리

육체적 은유를 정치적으로 이용하는 것과 관련하여 가장 흥미로운 일화는 프랑스의 선왕 필립4세와 교황 보니파키우스 8세의 대립으로 격렬한 갈등의 틀 속에 있던 13세기와 14세기 대전환기에 자리 잡고 있다. Libelli de lite 다시 말해서 11세기와 12세기 서임권 쟁탈전에서 비롯된 소책자로 교황과 황제 간에 벌어진 분쟁에 대한 소책자들 Opuscules sur les querelles 의 시대처럼 논쟁이 비방문과 팸플릿 같은 다수의 논설이라는 더 근대적인 형태(중요한 속인과 성직자들 이상으로 여론이 개입되었기 때문에)로 나타났다. '인간-소우주'라는 은유가 특히 흥미로운 방식으로 사용된 것은 왕의 옹호자가 1302년 작성한 익명의 개설서인 『평화 중재자인 왕 Rex Pacificus』에서이다.

이 개설서에 따르면 사회의 소우주인 인간은 머리와 심장이라는 중요한 두 가지 기관을 갖고 있다. 교황은 사지 다시 말해서 신도들에게 진정한 교리를 전하여 선행을 실천하도록 하는 머리다. 교회 구성원들과 그들의 머리인 그리스도를 연결하는 교회의 서열을 나타내는 신경은 머리에서 나오고 교황은 교회의 수장이라는 위치에 있으며 믿음의 통일성을 보장한다.

군주는 피를 분배하는 혈관이 나오는 심장이다. 마찬가지로 왕은 영양 물질 소위 정의를 사회 유기체의 각 부분에 전달하는 정당한 관습인 법률, 명령을 시행한다. 특히 피는 생명을 구성하는 요소로 인간 몸 전체에서 가장 중요하기 때문에 혈관은 신경보다 더 고귀하며 심장은 머리보다 우월하다. 따라서 왕은 교황보다 더 우월하다.

세 가지 다른 주장이 이 논증을 완성하고 있다. 첫 번째 것은 발생학에서 빌려온 것으로 육체적 상징주의의 연장선에 있다. 태아에게 심장은 머리보다 먼저 생겨난다. 따라서 왕권은 교황권에 앞선다는 것이다. 다른 한편으로 권위자들이 머리에 대한 심장의 우월성을 확인하고 있다. 또한 논설의 저자는 자신의 진영에 아리스토텔레스, 성 아우구스티누스, 성 히에로니무스과 이시도르 드 세빌을 포함하고 있다.

마지막으로 근대 언어학적인 것과 다른 논리에 따른 어원학적 증거가 존재한다. 왕은 그리스어로 basis에서 비롯된 basileus이다. 결국 왕은 사회를 지탱하는 토대다. 『평화 중재자인 왕』의 저자는 군주를 머리에서 심장으로 심장에서 토대로 옮겨가는 마술을 거추장스럽게 여기지 않는다. 권력이 존재하는 곳은 어디든 우선적으로 군주나 국가가 존재한다.

그렇지만 결과는 타협이었다. 심장과 머리 간의 서열은 각기 독립적으로 공존할 수 있도록 소멸된다. 즉 "이 모든 것으로부터 인간의 몸에는 구분되는 기능을 가진 중요한 두 가지 부위인 머리와 심장이 존재하는 것처럼 어느 한쪽이 다른 쪽을 침해하지 않으며 마찬가지로 우주에는 훌륭하게 분할된 권능을 가진 정신적인 것과 육체적인 것 두 가지 분리된 관할권이 존재한다는 분명한 결론에 이른다." 결국 군주와 교황은 각자 자신의 자리를 지켜야 했다. 인간 몸의 단일성은 정신적인 것과 육체적인 것의 분리라는 제단에 제물로 바쳤다. 유기체론자들의 은유는 약화되었다.[16]

머리에서 출발하는 신경과 심장에서 비롯되는 혈관과 동맥이라는 인간의 몸에 자리 잡고 있는 두 가지 회로에 대한 견해,

사회의 구조와 기능을 설명하기 위한 몸의 두 가지 부분을 은유적으로 이용할 수 있게 하는 견해는 이시도르 드 세빌에 의해 계승되어 중세 시대에 심장에 대한 은유적이고 상징적인 격상에 의해 강화된 중세 시대의 생리학에 정확히 일치하고 있다. 이시도르는 머리에 대해 다음과 같이 말하고 있다. "몸의 첫 번째 부분은 머리이며 머리는 caput라는 명칭이 붙여졌다. 모든 감각과 신경(sensus omnes et nervi)이 머리에서 기원(initium capi-unt)하고 있으며 모든 힘의 원천도 머리에서 비롯되기 때문이다."17) 또한 심장에 대해선 다음과 같이 말하고 있다. "심장(cor)은 그리스인들이 명명(kardian)했던 그리스어 명칭 혹은 cura(관심, 근심)에서 비롯되었다. 사실상 심장에는 모든 배려와 과학의 원인이 존재한다. 왼쪽은 더 많은 피, 오른쪽은 더 많은 정신을 가진 두 개의 동맥이 심장에서 비롯되고 있으며 우리가 오른 손 맥박을 관찰하는 이유는 이 때문이다."18)

발 위에 있는 머리

필립 르 벨의 외과의사인 앙리 드 몽드빌에게 심장은 대단히 중요했다. 앙리 드 몽드빌은 『평화 중재자인 왕』의 익명의 저자와 거의 동시대인이자 그 자신이 1306~1320년에 작성된 외과학 논설의 저자였으며 크리스틴 푸셀은 이미 언급했던 뛰어난 저서를 그에게 바쳤었다.[19] 푸셀의 책은 정치적 몸에 대한 핵심적 은유가 되었다. 심장에 할당된 핵심성은 가장 중요한 곳에서 군주제 국가의 발전을 표현하고 있다. 그것은 머리로 표현되는 수직적 서열이나 더욱이 단편적으로 급속히 퍼지는 시대에 뒤진 기독교 세계의 정신적·육체적 특징을 결합하는 통합의 이상 같은 것이 아니라 군주를 중심으로 실현되는 중앙집권화였다.

앙리 드 몽드빌은 이 새로운 정치 생리학으로 이시도르의 지식을 연장하는 인간 몸에 대한 과학을 뒷받침했지만 국가 탄생을 은유적으로 생각할 수 있게 한 덕분에 심장에 유리하게 흐름을 바꾸었다. 즉 "심장은 생명 유지에 필수적인 피, 열과 정신을 몸의 다른 모든 구성부분에 부여하는 아주 중요한 기관이다. 심장의 역할이 필요로 하듯이, 왕이 자기 왕국의 중심에 있듯이 심장은 바로 가슴 한가운데에 존재한다." 마리-크리스틴 푸셀은 앙리 드 몽드빌의 작품에 대해 몸의 지배자는 누구인가? 라고 묻고 있다. 그 해답은 분명하다. 심장 곧 왕인 것이다.

하지만 일반적인 방식에서 머리는 여전히 존재하거나 다시 정치적인 몸의 수장이 된다. 15세기초 니무아 법학자 장 드 테레베르메이으는 '왕국의 신비주의적이거나 정치적인 몸'은 통일성의 원칙을 대표하고 사회와 국가의 질서를 보장하는 머리에 복종해야 한다고 주장했다. 군주제 이론가인 그는 샤를르 황태자(후에 샤를르 7세가 되었다.)의 정통성을 주장하기 위해 1418~1419년 자신의 3부작 『트락타투스 Tractatus』를 저술했으며 이는 16세기 앙리 드 나바르(후에 앙리 4세가 됨)의 대의명분에 이용되었다. 머리는 다른 부분들이 복종해야 하는 중요한 구성요소이다. 또한 두 개의 머리를 가진 사회가 무정부적 괴물이 되게 되듯이 교황은 장 제르송도 주장했듯이 제2의 머리(caput secundarium)에 불과하다.[20] 따라서 우리는 감히 여기서 머리가 발 위로 복원되었다고 말할 것이다.[21]

왕과 성인

몸에 대한 상징적 이용은 중세 시대 왕과 성인 이 두 '주인공'의 권력을 강화하는데 유용했다. 프랑스 왕은 중세 시대에 결핵성 경부 임파선염의 명칭인 나력, 피부병을 치유할 수 있는 기적의 힘을 획득했다. 이러한 치유는 어떤 장소(예를 들어 생-드니의 수도원 경내)에서 며칠간 조직화된 의식인 '나력을 만질 때' 일어나며 왕은 나력을 만짐으로써 병자들의 몸을 치유했다.

중세 성인들도 몸을 통해 사용되는 힘을 가지고 있었으며 흔히 몸에 직접 호소했다. 피터 브라운이 발견했듯이 성인은 특별한 '시신'이었다. 유골이 된 시신의 일부나 무덤 곁에 가 만지게 된 병자들을 치유하는 것은 성인의 시신과 무덤이었다. 그 효력은 질병을 치유하고 회복시키듯이 몸, 특히 어린아이, 임산부, 노인처럼 약하고 위태로운 몸의 치유에 작용된다.

게다가 13세기 그리스도에 대한 숭배, 그리스도와의 동일시에 대한 욕망이 격화되면서 성 프란체스코는 자신의 몸에 십자가에 못 박힌 예수의 흔적인 성흔을 받기에 이른다. 13세기부터 평신도들의 병적인 신앙심의 발전은 회개하는 세속적 엘리트를 중세 초 수도원의 금욕주의 유산과 결부시켰다. 즉 1260년대와 14세기에 나타난 것이 채찍질 관행의 사례였다.

도시라는 몸

도시는 교회나 '공화국 Republica' 만큼 몸의 상징에 적합하지는 않았다. 하지만 도시에 대한 중세의 일부 견해는 잠재된 해부학적 그리고 생물학적 은유에서 도움을 받았다.

그것은 무엇보다 고대에서 비롯되어 성 아우구스티누스가 중계한 주장으로 이에 따르면 도시를 만들고 있는 것은 돌들 —— 성벽, 기념물과 저택들 —— 이 아니라 그곳에 살고 있는 사람,

시민들, 'cives'이다. 이러한 생각은 도크미크회 알베르투스 마그누스가 13세기 중엽 아우크스부르크에서 행한 일종의 '도시신학'을 구성하는 일련의 설교에서 힘을 얻어 이어졌다.

육체적 방식의 은유로 도시에 대한 이해를 불러일으킨 또 다른 견해는 '체계'로서의 도시에 대한 것이었다.[22] 육체적 은유는 또한 도시의 어떤 본질적 구성요소들과 관련해 나타났다. 중세도시는 경제 중심지였으며 하나의 시장 이상의 수공업 생산의 중심지 —— 장인들은 '직능 단체'[23]를 조직하고 있었다 —— 였다. 중세 도시는 또한 종교의 중심지였으며, 촌락과 사제가 관할하는 본당이 동일시되는 농촌 이상이었다. 흔히 구역과 결부된 도시의 사제가 관할하는 본당은 신부가 이끄는 '신도 단체'였다.

이 모든 접근 방식들 중 확실해진 것은 몸과 사지 사이의 상호의존관계의 필요성에 대한 생각이었다. '사회의 몸'의 형상을 본 딴 도시는 몸이 그 모델인 상호의존관계의 기능적 총체이자 상호의존관계의 기능적 총체이어야 했다.

| 맺는 말 |

느린 역사

몸의 역사는 역사가와 역사 애호가들에게 부수적 흥미라는 어떤 이점이 있다. 몸은 느린 역사를 드러내고 풍부하게 한다. 근본적으로 부수적 흥미는 근본적으로 사상, 정신, 제도와 심지어 기술과 경제의 역사인 이 느린 역사에 몸이라는 육체를 부여한다.

선사시대만이 아니라 우리가 거슬러 올라갈 수 있는 역사시대 이후로 몸은 물리적 실제에서, 기능에서, 상상력에서 변화하고 있다. 하지만 예를 들어 19세기와 20세기 의학이 몸에 일으킨 것과 같은 혁명은 말할 것도 없고 일어난 사건들에 대해서도 알려진 것이 거의 없다. 물론 1347~1348년 치명적인 흑사병의 출현과 수도원 식이요법에 대한 아주 신속한 구상은 몸의 '빠른' 역사적 사건들을 구성하고 있다. 반면 스포츠, 극장의 소멸이나 이미 오래전부터 시행된 나체의 금지 같은 기본적 사건들은 단지 느린 속도로만 그 결과들을 야기하고 있다. 마찬가지로 10~12세기의 느린 '농업 혁명', 새로운 문화와 새로운 경작 방식의 도입, 요리에 대한 기호의 발전과 식도락의 비약적 발전은 몸에 대한 영향이 느린 사건들이다.

사람들은 중세 시대에 몸에 대한 효과들인 유행이 더 빠르게 도입되는 현상이 전개되는 것을 알고 있다. 우리가 제대로 된 문헌, 특히 그림으로 그리고 중세 시대 의복 유행의 역사에 대한 선구적 작품들을 이용할 수 있다면 몸과 더 긴밀하게 결부된 사회·문화적 현상들은 또한 머리카락, 콧수염, 턱수염"과 같은 역사 연구에서는 황무지로 남아 있다. 여성 화장술의 발전에 대해선 더 잘 알려져 있다. 봉건제도는 건강한 남자의 매력과 명성을 발전시켰다. '금발의 큰 장두'의 매혹은 황금색을 '작고 검은 남자'인 성 프란체스코가 거부한 신체적 아름다움의 특징적 요소로 만들었다. 15세기에 특히 라블레가 사용한 이후 점점 더 도발적인 바지 앞 쪽의 튼 곳이 나타났으며 그것은 오랜 역사를 시작하고 있다.

우리는 여기서 머리와 심장에 대한 상징과 이미지들이 중세 시대에 작용했던 역할에 대해 이야기했다. 15세기 문학과 미술에서 분명 과학과 사회 발전의 영향으로 5가지 감각의 주제가 발전했다. 파리에 있는 국립 박물관에서 중세 시대의 유명한 장식 융단 〈일각수의 여인 Dame à la licorne〉의 상징주의에 의해 그 화려한 예를 볼 수 있다. 일반적으로 중세 시대에 지배적인 감각은 시각이라고 말할 수 있다.[2] 중세 시대는 결국 1300년경 무엇보다 유행에 대한 호기심으로 안경을 발명했으며 이어 시각의 보조물로 빠르게 확산되었다. 지옥에서 첫 번째 장소엔 후각이 악취로 고통을 받는 동안 악마의 화염으로 붉게 물든 많은 채찍으로 맞는 풍경이 펼쳐진다. 천국에선 이번엔 하느님과의 합일에 전념하는 선택받은 자의 부활한 몸에 보답하는 풍경이 펼쳐진다. 극작가인 페오 벨카리 드 플로랑스는 1449년 자신의 작품 『아브라함과 이삭』의 첫 번째 공연에서 다음과 같이 말했다.

"눈은 문들 중 으뜸이라 일컬어진다.

눈을 통해 영이 배우고 음미할 수 있다.

귀는 두 번째로 인도하기 위한 말과 함께 온다.

귀는 지혜에 힘과 활력을 불어넣는다."

물론 이러한 견해는 감성적이라기보다는 지적이다. 하지만 15세기부터 근대 시대는 인간을 전적으로 개발하는데 관심을 가진 휴머니즘의 중심에 5가지 감각이 작용하게 했다. 문명화된 몸을 부여받은 인간에 대한 이론인 휴머니즘을 창조한 것은 중세 시대였다.

학식이 깊었으나 가난했던 푸랑수아 빌롱의 위대성은 15세기 서구에서 몸의 감각이 된 것에 대한 가장 훌륭한 놀라운 해석이었다. 빌롱의 시와 함께 나타난 것은 무엇보다 인간이라는 존재와 인간의 운명에서 심장이 차지하고 있는 자리에 대한 증언이다. 몸을 억제하려 애쓰는 것은 심장이며 시인은 단테의 태도를 다시 생각하며 자신이 30대에 본 몸을 시「빌롱의 심장과 몸의 논쟁」에서 자신의 심장과 대화하게 한다. 즉 "너는 서른 살이다! 수노새의 나이지." 네 몸이 심장의 명령 다시 말해서 양심의 명령에 복종시키기에 좋은 나이다. 심장은 이제 인간 삶의 역할을 주도해야 한다. 빌롱은「안마당에 대한 찬양 Louange à la Cour」에서 '프랑스인들의 행복'과 '이방인들의 위안'인 안마당을 찬양하기 위해 자신의 모든 감각과 팔다리 모두 —— '눈, 귀와 입, 코 그리고 촉감, 당신 역시' —— 그리고 자신의 몸 전체를 동원하고 있다. 빌롱은 소멸되지 않는 아름다움과 여자 몸의 매력을 노래한다. 여자의 몸은 그만큼 'soef' 다시 말해서 부드럽고 감미롭다. 하지만 빌롱은 또한「빌롱의 민요시 형태의 묘비명 l'Epitaphe de Villon en forme de ballade」에서 시체 특유의 부패하는 몸인 육체의 패배를 구현하며 유죄판결을 받고 교수형에 처해진 자신을 본다.

"지나치게 영양이 공급된 육체에 대해 말하자면
육체는 뜯어 먹혀 부패된 조각
그리고 해골인 우리들은 먼지와 재가 된다."[3]

그리고 아름다운 투구 제조인 아내의 피폐한 몸에 대해 말한다.

"윤기있는 이마, 금발, 둥근 눈썹, 큰 눈, 아무리 현명한 사람도 유혹했던 생기 있는 시선, 너무 크지도 너무 작지도 않은 아름다운 곧은 코, 적당히 어울리는 작은 귀, 살짝 패인 턱, 윤곽이 고른 환한 얼굴과 진홍빛의 아름다운 입술은 어떻게 될까?"

"사랑스런 작은 어깨, 긴 팔과 섬세한 손, 작은 젖꼭지, 연인들을 경쟁하게 만드는 불룩 솟아오른 탱탱한 엉덩이, 넓은 허리, 커다랗고 탄탄한 허벅지 위 그녀의 작은 정원 한 가운데 있는 사랑스러운 구멍은 어떻게 될까?"

"주름진 이마, 회색빛 머리칼, 축 처진 눈썹, 생기와 웃음을 잃은 흐릿한 눈, 가련한 손, 아름다움을 잃은 코, 털이 많이 나 늘어져 있는 귀, 변색되어 생기 없는 주름진 얼굴, 벌어진 입술……"

중세 시대의 조락기에 빌롱은 아름답고 멋진 몸과 노화되어 소멸하기 마련인 몸 사이의 고조된 긴장을 훌륭하게 표현하고 있다. 당시 세기의 아이이자 자신을 키운 교회의 아이는 사순절을 중시했다. 하지만 그는 사육제도 노래하고 찬미했다. 「유언 Testament」에서 고대인들을 흉내내기는 했지만 사회 서열을 철폐하는 익살스러운 행렬로 끝을 맺는다. 또한 그곳은 본능화라는 넘치는 함축성이 "몸의 생리적 활동을 소개하고 모든 것을 먹고 마시고 소화하고 성 생활하는 보편적인 몸의 영역으로 귀착시키는" 수단이 된다.[4] 가면, 언어와 어휘의 곡예, 인간과 동물 사이에 넘나들 수 있는 경계, 매춘, 원숭이, 몸짓, 왜곡, 은유, 웃음, 눈물, 아이러니와 익살…… 빌롱은 끝나가고 있는 중세 시대의 긴장을 고조시키고 있다. 그가 표현한 것은 심장에 대한 존중이지만 몸의 복수이기도 하다. 공포, 강박관념, 죽음에 대한 매혹과 육체적 아름다움에 대한 찬미 즉 육체적 긴장은 실존적인 것이 되었다.

따라서 몸은 하나의 역사를 갖고 있다. 몸은 우리의 역사다.

참고문헌

Préface

1. Édouard-Henri Weber, article 《Corps》 in André Vauchez (dir.), *Dictionnaire encyclopedique du Moyen Âge*, tome I, Paris, Cerf, 1997.

Introduction: histoire d'un oubli

1. Jules Michelet, *Œuvres complètes*, sous la direction de Paul Viallaneix, Paris, Flammarion, 1971. Également *La Sorcière*, Paris, Flammarion, coll. 《GF》 1966. Sur la vision merveilleuse du Moyen Age proposée par Jules Michelet en 1833, puis sombre et ténébreuse à partir de 1855, voir Jacques Le Goff, 《Le Moyen Âge de Michelet》, in *Un autre Moyen Âge*, Paris, Gallimard, coll. 《Quarto》, 1999.
2. Jeanne Favret-Saada, *Critique*, Avril 1971, repris dans *Corps pour corps. Enquête sur la sorcellerie dans le bocage* (avec Josée Contreras), Paris, Gallimard, 1981. Voir aussi, du même auteur, *Les Mots, la mort, les sorts*, Paris, Gallimard, 1977.
3. Marcel Mauss, 《Les techniques du corps》(1934), *Journal de psychologie*, XXXII, n°3-4 (1936), in *Sociologie et anthropologie*, Paris, PUF, 1950, réédition coll. 《Quadrige》, 2001.
4. Claude Lévi-Strauss, 《Introduction à l'œuvre de Marcel Mauss》, in

Marcel Mauss, *Sociologie et anthropologie*, Paris, PUF, 1950.

5. Norbert Elias, *La Civilisation des mœurs* (1939), Paris, Calmann-Lévy, 1973, réédition Presses Pocket, coll. 《Agora》1976; *La Dynamique de l'Ocddent*, Paris, Calmann-Lévy, 1975, réédition Presses Pocket, coll. 《Agora》, 1990; *La Société de cour*, Paris, Calmann-Levy, 1974, réédition Flammarion, coll. 《Champs》1985.

6. Voir *Norbert Elias, La Politique et l'Histoire*, sous la direction d'Alain Garrigou et Bernard Lacroix, Paris, La Découverte, 1997.

7. Nathalie Heinich, *La Sociologie de Norbert Elias*, Paris, La Découverte, 1997.

8. Johan Huizinga, *L'Automne du Moyen Âge* (1919), trad. du hollandais par J. Bastin, Paris, Payot, 1932. Nouvelle édition coll. 《Petite bibliothèque Payot》 précédée d'un entretien de Claude Mettra avec Jacques Le Goff, 2002.

9. Marc Bloch, *Apologie pour l'histoire ou Métier d'historien*, préface de Jacques Le Goff, Paris, Armand Colin, 1993 et 1997.

10. Fondée en 1929 sous le titre *Annales d'histoire économiqe et sociale*, la revue s'est appelée, après 1946, *Annales, économie, sociétés, civilisations*, et aujourd'hui *Annales, histoire, sciences sociales*.

11. Marc Bloch, *La Sodété féodale* (1939), préface de Robert Fossier, Paris, Albin Michel, 1994.

12. Max Horkheimer et Theodor W. Adorno, *Dialektik der Aufklärung*(1944) *La Dialectique de la raison*, trad. de l'allemand par Eliane Kaufholz, Paris, Gallimard, 1974.

13. Michel Foucault, *Surveiller et punir*, Paris, Gallimard, 1975. Également, *Histoire de la folie à l'âge classique*, Pris, Plon, 1961; *Histoire de la sexualité*: tome I, *La Volonté de savoir* (1976), tome II, *L'Usage des plaisirs*, et tome III, *Le Souci de soi*, Paris, Gallimard, 1984.

14. Jackie Pigeaud, *La Maladie de l'âme. Étude sur la relation de l'âme et du corps dans la tradition medico-philosophique antique*, Paris, Les Belles Lettres, 1981.
15. Émile Durkheim, *Les Forms élémenlaires de la vie religieuse*, Paris, PUF, 1968. Voir également David Le Breton, *Sociolgie du corps*, Paris, PUF, 2002, et *Anthropotogie du corps et modernité*, Paris, PUF, 1990.
16. Maurice Godelier et Michel Panoff, *La Production du corps*, Amsterdam, Éditions des archives contemporaines, 1998.
17. Michel de Certeau, *Histoire et psychanalyse entre science et fiction*, Paris, Gallimard, 1987, réédition augmentée coll. 《Folio》 2002.
18. Voir, notamment, Jacques Le Goff, *Pour un autre Moyen Âge. Temps, travail et culture en Occident*, Paris, Gallimard, 1977, réédition coll. 《Tel》 1991. Repris dans *Un autre Moyen Âge*, Paris, Gallimard, coll. 《Quarto》 1999.
19. Jean-Claude Schmitt, *Le Corps, les rites, les rêves, le temps. Essais d'anthropologie médiévale*, Paris, Gallimard, 2001.

1. Carême et Carnaval: une dynamique de l'Ocddent

1. Jean-Claude Schmitt, 《Corps et âme》 in Jacques Le Goffet Jean-Claude Schmitt (dir.), *Dictionnairé raisonne de l'Occident médiéval*, Paris, Fayard, 1999.
2. Jean-Claude Schmitt, *La Raison des gestes dans l'Occident médiéval*, Paris, Gallimard, coll. 《Bibliothèque des histoires》 1990.
3. Voir, notamment 《Un long Moyen Âge》 in Jacques Le Goff (avec la collaboration de Jean-Maurice de Montrémy), *À la recherche du*

Moyen Âge, Paris, Louis Audibert, 2003.
4. Cécile Caby, 《Ascèse, ascétisme》 in André Vauchez (dir.), *Dictionnaire encyclopédique du Moyen Âge*, vol. I, Paris, Cerf, 1997.
5. Roland Barthes, *Michelet*(1954), in *Œuvres complètes*, édition établie et présentée par Éric Marty, Paris, Seuil, 1993.
6. Voir Andrew W. Lewis, *Le Sang royal: la famille capétienne et l'État, France X^e-XIVe siécles*, Paris, Gallimard, 1986.
7. Anita Gueneau-Jalabert, article 《Sang》 in Claude Gauvard, Alain de Libéra et Michel Zink (dir.), *Dictionnaire du Moyen Âge*, Paris, PUF, 2002.
8. S. Jacques Rossiaud, 《Sexualité》 in Jacques Le Goff et Jean-Claude Schmitt(dir.), *op. cit.*
9. De Georges Duby, notamment, *Le Chevalier, la femme, le prêtre. Le manage dans la France féodale*, Paris, Hachette, 1981, réédition dans *Féodalité*, Paris, Gallimard, coll. 《Quarto》, 1996; *Mâle. Moyen Âge. De l'amour et autres essais*, Paris, Flammarion, 1988, 《La femme gardée》 in Georges Duby et Michelle Perrot (dir.), *Histoire des femmes en Occident*, Paris. Plon, 1991.
10. Michel Sot, 《Pourquoi se marier à l'église》 in *Les collections de L'Histoire*, No.5: *L'Amour et la sexualité*, juin 1999.
11. Paul Veyne, 《La famille et l'amour sous le haut Empire remain》 in *Annales E.S.C.*, 1978.
12. *Les Stoïciens*, textes traduits par Émile Bréhier, édités sous la direction de Pierre-Maxime Schuhl, Paris, Gallimard, 1962, coll. 《Bibliothèque de la Pléiade》.
13. Marc Aurèle, 《Pensées》 VI, 13, in *Les Stoïciens, op. cit.*
14. Michel Foucault, *Histoire de la sexualité*, tome II: *L'Usage des plaisirs*, Paris, Gallimard, 1984.

15. Paul Veyne, *La Société romaine*, Paris, Seuil, 1991.
16. Spinoza, *Traité théologico-politique*, traduction et notes de Charles Appuhn, Paris, Garnier Flammarion, 1965.
17. Un condensé des études sur le corps au Moyen Âge menées avant cette nouvelle synthèse par Jacques Le Goff, et notamment issues de ses recherches sur *L'Imaginaire médiéval* (Paris, Gallimard, 1985 et 1991), figure dans Jacques Le Goff, *Un autre Moyen Âge*, Paris, Gallimard, 1999.
18. Christiane Klapisch-Zuber, «Masculin/féminin» in Jacques Le Goff et Jean-Claude Schmitt (dir.), *op. cit.*
19. Christiane Klapisch-Zuber, *ibid.*
20. Voir, notamment, Jacques Rossiaud, *La Prostitution médiévale*, réédition Paris, Flammarion, 1990.
21. Jean-Louis Flandrin, *Un temps pour embrasser. Aux origines de la morale sexuelle (VIe-XIe siècle)*, Paris, Seuil, 1983.
22. Spinoza, *Éthique*, III, 2, scolie, Paris, Flammarion, GF, 1965.
23. Emmanuel Le Roy Ladurie, *Le Carnaval de Romans*, Paris, Gallimard, 1979.
24. Mikhaïl Bakhtine, *L'Œuvre de François Rabelais et la culture populaire au Moyen Âge et sous la Renaissance*, Paris, Gallimard, 1970.
25. Voir Jacques Le Goff, avec la collaboration de Jean-Maurice de Montrémy, «Un long Moyen Âge» dans *À la recherche du Moyen Âge*, Paris, Audibert, 2003.
26. Jacques Le Goff, «Culture ecclésiastique et culture folklorique au Moyen Âge saint Marcel de Paris et le Dragon» in *Pour un autre Moyen Âge*, Paris, Gallimard, 1977, repris dans *Un autre Moyen Âge*, Paris, Gallimard, coll. «Quarto» 1999.
27. Jacques Le Goff, *Saint Louis*, Paris, Gallimard, coll. «Bibliotheque

des histoires⟩1996.
28. Jacques Le Goff, *Saint François d'Assise*, Paris, Gallimard, coll. ⟨Bibliothèque des histoires⟩ 1999.
29. Rutebeuf, *Œuvres complètes*, texte établi et traduit par Michel Zink, 2 volumes, Paris, Bordas, 1989 et 1990.
30. Jacques Le Goff, *Les Intellectuels au Moyen Âge*, Paris, Seuil, 1957, réédition coll.⟨Points⟩ 1985.
31. Piroska Nagy, *Le Don des lames au Moyen Âge*, Paris, Albin Michel, 2000.
32. Alain Boureau, préface à Piroska Nagy, *op. cit.*
33. Piroska Nagy, *op. cit.*
34. Johan Huizinga, *L'Automne du Mayen Âge*, (1919), trad. du hollandais par J.Bastin, Paris, Payot, 1932. Nouvelle édition coll. ⟨Petite bibliothèque Payot⟩ précédée d'un entretien de Claude Mettra avec Jacques Le Goff, 2002.
35. Roland Barthes, Michelet, in *Œuvres complètes*, édition établie et présentée par Éric Marty, Paris, Seuil, 1993.
36. John Morreall, *Taking Laughter Seriously*, Albany, State University of New York, 1983.
37. Ernest Jones, *Le Cauchemar*, Paris, Payot, 1973.
38. Jean-Claude Schmitt, *Le Corps des images. Essais sur la culture visuelle au Moyen Âge*, Paris, Gallimard, coll. ⟨Le temps des images⟩ 2002.
39. Jean-Claude Schmitt, *Le Corps, les rites, les rêves, le temps. Essais d'anthropologie medievale*, Paris, Gallimard, coll. ⟨Bibliothèque des histoires⟩ 2001.
40. Guillaume de Lorris et Jean de Meung, *Le Roman de la rose*, texte et traduction par Armand Strubel, Paris, Le Livre de Poche, coll.

《Lettres gothiques》1992.
41. jean-Claude Schmitt vient de montrer comment, au XIIe siècle, l'opuscule sur la conversion d'Hermann le Juif enchaîne le récit dans le rêve: cf. *La Conversion d'Hermann le Juif. Autobiographie, histoire et fiction*, Paris, Seuil, 2003
42. Michel Zink, *La Subjectivité littéraire. Autour du siècle de Saint Louis*, Paris, PUF, 1985.

2. Vivre et mourir au Moyen Âge

1. Agostino Paravicini Bagliani, 《Les Âges de la vie》in Jacques Le Goffet Jean-Claude Schmitt (dir.), *Dictionnaire raisonné de l'Occiddent médiéval*, Paris, Fayard, 1999.
2. John Boswell, *Christianisme, tolérance sociale et homosexualité. Les honosexuels en Europe occidentale des débuts de l'ère chrétienne au XIVe siècle* (1980), Paris, Gallimard, 1985.
3. Voir également le beau livre de Jean-Pierre Poly, *Le Chemin des amours barbares. Genèse médiévale de la sexualité européenne*, Paris, Perrin, 2003.
4. Michael Camille, *Images dans les marges. Aux limites de l'art meédiéval* (1992), Paris, Gallimard, 1997; et Jacques Dalarun (dir.), *Le Moyen Âge en lumière. Manuscrits enluminés des bibliothèques de France*, Paris, Fayard, 2002.
5. Arnaud de La Croix, *L'Érotisme au Moyen Âge*, Paris, Tallandier, 1999.
6. Philippe Ariès, *Un historien du dimanche*, Paris, Seuil, 1980 et avec Georges Duby(dir.), *Histoire de la vie privée*, 5 volumes, Paris, Seuil, 1985-1987.

7. Didier Lett, *L'Enfant des miracles. Enfance et société au Moyen Âge (XII-XIIIe siècles)*, Paris, Aubier, 1997.
8. Cité dans Didier Lett, 《Tendres souverains》 in Jean Delumeau et Daniel Roche (dir.), *Histoire des pères et de la paternité*, Paris, Larousse, 2000.
9. Marie-José Imbault-Huart, *La Médecine au Moyen Âge à travers les manuscrits de la Bibliothèque nationale*. Éditions de la Porte verte / Bibliothèque nationale, 1983.
10. Voir aussi Georges Minois, *Histoire de la vieillesse en Occident de l'Antiquité à la Renaissance*, Paris, Fayard, 1987.
11. Jacques Berlioz, *Catastrophes naturelles et calamités au Moyen Âge*, Florence, Edizioni del Galluzo, 1998; et 《Fléaux》 in Jacques Le Goff et Jean-Claude Schmitt(dir.), *op. cit.*
12. Jean-Noël Biraben, *Les Hommes et la peste en France et dans les pays européens et méditerranéens*, 2 vol., Paris-La Haye, Mouton, 1975-1976. On a récemment mis hors de cause le rat (noir) tenu précédemment pour responsable de la contagion.
13. Jole Agrimi et Chiara Crisciani, 《Charité et assistance dans la civilisation chrétienne médiévale》 in Mirko D. Grmek (dir), *Histoire de la pensée médicals en Occident, I. Antiquité et Moyen Âge*, Paris, Seuil, 1995.
14. Voir à ce sujet Francoise Bériac, *Histoire des lépreux au Moyen Âge, une société d'exclus*, Paris, Imago, 1988 et la synthèse de Hervé Martin, dans *Mentalités médiévales II*, Paris, PUF, 2001, dont cette citation est extraite.
15. Voir Saul Nathaniel Brody, *The Disease of the Soul; Leprosy in medieval literature*, Ithaca, Cornell University Press, 1974.
16. Roger I. Moore, 《Heresy as Disease》 in *The Concept of Heresy in the*

Middle Age, Louvain, Medievalia Lavunentia IV, 1976.
17. Mirko D. Grmek, 《Le Concept de maladie》 in Mirko D. Grmek (dir.), *op. cit.*
18. Jole Agrimi et Chiara Crisciani, 《Charité et assistance dans la civilisation chrétienne médiévale》 in Mirko D. Grmek (dir.), *op. cit.*
19. Jean-Pierre Poly, *Le Chemin des amours barbares, Genèse médiévale de la sexualité européenne*, Paris, Perrin, 2003.
20. Danielle Jacquart, 《La Scolastique médicale》 in Mirko D. Grmek (dir.), *op. cit.*
21. Georges Duby, 《Réflexions sur la douleur physique》 in *Mâle Moyen Âge*, Paris, Flammarion, 1988.
22. Voir Jacques Le Goff, *Saint François d'Assise*, Gallimard, Paris, 1999.
23. Jole Agrimi et Chiara Crisciani, 《Charité et assistance dans la civilisation chrétienne médiévale》 in Mirko D. Grmek (dir.), *op. cit.*
24. *Ibid.*
25. Danielle Jacquart, 《La Scolastique médicale》 in Mirko D. Grmek (dir.), *op. cit.*
26. Voir Marie-Christine Pouchelle, *Corps et chirurgie à l'apogée du Moyen Âge*, Paris, Flammarion, 1983; et 《Médecine》 in Jacques Le Goff et Jean-Claude Schmitt(dir.), *op. cit.*
27. Danielle Jacquart, 《La Scolastique médicale》 in Mirko D. Grmek (dir.), *op. cit.*
28. Mirko D. Grmek, 《Le Concept de maladie》 in Mirko D. Grmek (dir.), *op. cit.*
29. Marie-José Imbault-Huart, *op. cit.*
30. Jole Agrimi et Chiara Crisciani, 《Charité et assistance dans la civilisation chrétienne médiévale》 in Mirko D. Grmek (dir.), *op. cit.*

31. Philipue Ariès, *Essais sur l'histoire de la mort en Occident du Moyen Âge à nos jours*, Paris, Seuil, 1975; *L'Homme devant la mort*, Paris, Seuil, 1977; et *Images de L'homme devant la mort* (livre album), Paris, Seuil, 1983.
32. Michel Lauwers, 《Mort(s)》 in Jacques Le Goff et Jean-Claude Schmitt (dir.), *op. cit.*
33. Norbert Elias, *La Solitude des mourants* (1982), Paris, Christian Bourgois, 1987.
34. Peter Brown, *Le Culte des saints. Son essor et sa fonction dans la chrétienté latine*(1981), Paris, Cerf, 1984.
35. Voir Ernst Kantorowicz, *Les Deux Corps du roi*(1957), in *Œuvres*, Paris, Gallimard, coll. 《Quarto》 2000.
36. Jean-Claude Schmitt, *Les Revenants. Les vivants et les morts dans la société médiévale*, Paris, Gallimard, 1994.
37. André Corvisier, *Les Danses macabres*, Paris, PUF, 1998.
38. Jérôme Baschet, 《Comment echapper aux supplices de l'enfer》 in *Vivre au Moyen Âge*, Paris, Tallandier, 1998.
39. Voir Jacques Le Goff, *La Naissance du purgatoire*, Paris, Gallimard, 1981, rééd. coll. 《Folio》 1991.
40. Jérôme Baschet, *Les Justices de l'au-delà. Les Représentations de l'enfer en France et en Italie (XIIe-XVe siècle)*, Rome, École française de Rome, 1993.
41. Jean-Claude Schmitt, 《Une horde de revenants enrichit l'Église》 in *Vivre au Moyen Âge*, Paris, Tallandier, 1998.

3. Civiliser le corps

1. Massimo Montanari, 《Romains, Barbares, chrétiens: à l'aube de la culture alimentaire européenne》 in Jean-Louis Flandrin et Massimo Montanari (dir.), *Histoire de l'alimentation*, Paris, Fayard, 1996.
2. Jacques Le Goff, 《Le Désert-forêt dans l'Occident médiéval》 in *Un autre Moyen Âge*, Paris, Gallimard, coll. 《Quarto》 1999.
3. Massimo Montanari, 《Alimentation》 in Jacques Le Goff et Jean-Claude Schmitt, *Dictionnaire raisonné de l'Occident médiéval*, Paris, Fayard, 1999.
4. Voir notamment Jean-Louis Flandrin, *Chronique de Platine. Pour une gastronomie historique*, Paris, Odile Jacob, 1992 et Jean-Louis Flandrin et Jane Cobbi(dir.), *Tables d'hier, table d'ailleurs*, Paris, Odile Jacob, 1999.
5. Voir notamment Bruno Laurioux, *Manger au Moyen Âge*, Paris, Hachette Littératures, 2002,
6. *Ibid.*
7. Voir également Umberto Eco, *Art et beauté dans l'esthétiqe médiévale*, Paris, Grasset, 1997.
8. Voir Jacques Le Goff, 《Le rituel symbolique》 in *Pour un autre Moyen Âge*, Paris, Gallimard, 1977; et Jacques Le Goff, Eric Palazzo, Jean-Claude Bonne et Marie-Noël Colette, *Le Sacre royal à l'époque de Saint Louis*, Paris, Gallimard, 2001.
9. Jean-Claude Schmitt, *La Raison des gestes dans l'Occident médiéval*, Paris, Gallimard, 1990.
10. Claude-Claire Kappler, *Monstres, démons et merveilles à la fin du Moyen Âge*, Paris, Payot, 1980.
11. Jacques Le Goff, 《Melusine maternelle et défricheuse》 in *Pour un*

autre Moyen Âge, Paris, Gallimard, 1977.
12. Norbert Elias et Eric Dunning, *Quest for Excitement, Sport and Leisure in the Civilizing Process*, 1986, *Sport et civilisation. La violence maîtrisée*, Paris, Fayard, 1994.
13. Georges Duby, *Le Dimanche de Bouvines*, Paris, Gallimard, 1973, repris dans *Féodalité*, Paris, Gallimard, coll. 《Quarto》 1996.
14. Bernard Merdrignac, *Le Sport au Moyen Âge*, Rennes, Presses universitaires de Rennes, 2002.

4. Le corps comme métaphore

1. Voir, à ce sujet, la remarquable étude pionnière déjà citée de Mane-Christine Pouchelle, *Corps et chirurgie à l'apogée du Moyen Âge. Savoir et inaginaire du corps chez Henri de Mondeville, chirurgien de Philippe le Bel*, Paris, Flammarion, 1983. De façon générale, sur les métaphores corporelles, voir Judith Schlanger, *Les Métaphores de l'organisme*, Paris, Vrin, 1971.
2. Jean-Claude Schmitt, *Le Corps, les rites, les rêves, le temps. Essais d'anthropologie médiévale*, Paris, Gallimard, 2001.
3. Jacques Le Goff, *Un autre Moyen Âge*, Paris, Gallimard, 1999.
4. *Le Cœre mangé. Récits érotiques et courtois des XII et XIII siécles*, mis en français moderne par Danielle Régnier-Bohler, préface de Claude Gaignebet, postface de Danielle Régnier-Bohler, Paris, Stock, 1979.
5. Marie-Thérèse Gousset, Daniel Poirion, Franz Unterkircher, *Le Cœur d'amour épris*, Paris, Philippe Lebaud, 1981. 《Le "cuer" au Moyen Âge (Réalité et signifiance)》 Aix-en-Provence, Cuerma, *Sénéfiance* No.30, 1991.

6. Louis Réau, *Iconographie de l'art chrétien*, t. II, vol. II, Paris, PUF, 1957.
7. Karl Richstätter, *Die Hen-Jesu Verehrung des dautschen Mittelalters*, Münich, 1919. Pierre Debongnie, 《Commencement et recommencement de la dévotion au Cœur de Jesus》 in *Études carmélitaines* No.9, 1950. André Godin, *Spiritualité franciscaine en Flandre au XVIe siècle, l'Homéliaire de Jean Vitrier*, Genève, Droz, 1971.Gérald Chaix, 《La place et la fonction du cœur chez le chartreux Jean Lansperge》 in Jean-Claude Margolin (ed.), *Acta conventus neo-latini Turonensis*, Paris, Vrin, 1980.
8. On préférera au texte arrangé donné par Joinville dans sa *Vie de Saint Louis* celui des 《Enseignements de Saint Louis à son fils et à sa fille》 publiés sous la forme originale par J. J. O'Connell, *The Teachings of Saint Louis, a critical text*, Chapell Hill, 1972, et, dans une traduction en français moderne, David O'Connell, *Les Propos de Saint Louis* (avec une préface de J. Le Goff), Paris, Gallimard, 1974.
9. Paul-Henri Stahl, *Histoire de la décapitation*, Paris, PUF, 1986.
10. Xavier-Léon Dufour, *Dictionnaire du Nouveau Testament*, Paris, Seuil, 1975.
11. *Ibid.*
12. Henri de Lubac, *Corpus mysticum. L'eucharistie et l'Église au Moyen Âge*, Paris, 1944. Miri Rubin, *Corpus Christi. The Eucharist in Late Medieval Culture*, Cambridge, Cambridge University Press, 1991. Yves Congar, *L'Ecclésiologie du haut Moyen Âge*, Paris, Cerf, 1968. *L'Église de saint Augustin à l'époque moderne*, Paris, Seuil, 1970.
13. Par exemple, le canon 3 du concile de Paris de 829: *Quod ejusdem ecclesiae corpus in duabus principaliter dividatur personis* 《Que le corps de l'Église se devise principalement en deux personnes》,

texte rédigé par l'évêque Jonas d'Orléans et repris par lui dans son traité *De institutione regia*-un des plus anciens traités politiques dits 《miroirs des princes》 Cf Yves Congar, *op. cit.*
14. Sur le schéma trifonctionnel au Moyen Âge défini par Georges Dumézil comme héritage culturel indo-européen, voir notamment Georges Duby, *Les Trois Ordres ou l'Imaginaire du féodalisme*, Paris, Gallimard, 1978; Jacques Le Goff, 《Les trois fonctions indo-europeennes, l'historien et l'Europe féodale》 in *Annales E.S.C.*, 1979, et Dominique Iogna-Prat, 《Le "baptême" du schéma des trois ordres fonctionnels. L'apport de l'ecole d'Auxerre dans la seconde moitié IX du siècle》 in *Annales E.S.C.*, 1986. Les trois fonctions sont, schématiquement, celles du sacré, du guerrier et du laborieux. Elles sont incarnées par ceux qui prient *(oratores)*, ceux qui se battent *(bellatores)* et ceux qui travaillent *(laboratores)*. Chaque fonction implique le corps: par la prière, le combat, le travail.
15. Humbert de Moyenmoutier, cardinal de Silva Candida. *Adversus Simoniacos*(PL, 143, Monumenta Germaniae Historica. Libelli de lite, I). Traduction d'André Vauchez, 《Les Laïcs dans l'Église à l'époque féodale》 in *Notre histoire* No.32, 1987, repris dans *Les Laït's au Moyen Âge*, Paris, Cerf, 1987.
16. Victor Martin, *Les Origine du gallicanisme*, vol. I, Paris, Bloud et Gay, 2 vol. 1939.
17. Isidore. *Étymologies*, XI, 25, PL 82, col 400.
18. *Ibid.*, XI, 118, PL 82, col 411.
19. Marie-Christine Pouchelle, *op. cit.*
20. Jean Barbey, *La Fonction royale, essence et légitimité d'après les* Tractatus *de Jean deTerrevermeille*, Paris, Nouvelles éditions latines, 1983.

21. Rappelons les travaux pionniers de Paul Veyne, Michel Foucault, et Aline Rousselle pour l'Antiquité (Aline Rousselle, *Porneia. De la maîtrise du corps à la privation sensorielle. IIe-IVe siècles de l'ère chrétienne*, Paris, PUF, 1983), de Danielle Jacquart et Claude Thomasset pour le Moyen Âge, (*Sexualité et savoir médical au Moyen Âge*, Paris, PUF, 1985), et pour une légitimation philosophique du corps comme moyen de penser l'origine de l'État, le beau livre de José Gil, *Métamorphoses du corps*, Paris, La Différence, 1985. L'illustration de la couverture, une image du XIVe siècle représentant l'homme zodiaque, montre l'adaptabilité du corps humain a l'évolution du symbolisme. On sait le succès de l'astrologie et de ses applications à la politique du XIVe siècle. Cf Maxime Préaud, *Les Astrologues à la fin du Moyen Âge*, Paris, J.-C. Lattès, 1984.
22. Cette conception a été particulièrement mise en valeur par Yves Barel dans *La Ville médiévale. Système social, système urbain*, Grenoble, Presses universitaires de Grenoble, 1975.
23. Le terme de corporation, d'origine anglaise, ne se répandra en France qu'à l'époque moderne.

Conclusion: Une histoire lente

1. L'abbé cistercien Buchard de Bellevaux en Franche-Comté a écrit vers 1160 un «Éloge des barbes» qui a été publié par R. B. C. Huygens, *Apologia de barbis. Corpus christianorum. Continuatio medievalis LXII*, Turnhout, Brepols, 1985, avec une longue introduction de Gilles Constable.
2. Sur l'œil médiéval et l'importance de la vision, il convient de citer

deux grands livres: Michael Baxandall, *L'Œil du Quattrocento*. *L'usage de la peinture dans l'Italie de la Renaissance* (1972), Paris, Gallimard, 1985 et Roland Recht, *Le Croire et le Voir*. *L'art des cathéthrales (XIIe-XVe siècles)*, Paris, Gallimard, 1999.

3. Les citations modernisées de Villon sont empruntées à l'édition de Jean Dufournet, *Villon, poésies*, Paris, Flammarion GF, 1992.

4. Jean Dufournet, introduction a *Villon, poésies*, Paris, Garnier Flammarion, 1992.

Agrimi, Jole et Crisciami. Chiara, *Medicina del crpo e medicina dell'anima*, Milan, 1978.

Agrimi, Jole et Crisciami, Chiara, *Malato, medico e medecina nel medioevo*, Turin, 1980.

Ariés, Philippe, *Essais sur l'histoire de la mort en Occident du Moyen Âge a nos jours*, Paris, Seuil, 1975.

Ariés, Philippe, *L'Homme devant la mort*, Paris, Seuil, 1977.

Ariés, Philippe et Begin, André, *Sexualité ocddentale*, Paris, Seuil, 1994.

Ariés, Philippe et Duby, Georges (dir.), *Histoire de la vieprivée*, 5 vol., Paris, Seuil, 1985, notamment tome II: *De l'Europe féodale à la Renaissance*, Paris, Seuil coll. 《Points》. 1999.

Bagliani. Agostino Paravicini. *Le Corps du pape*, (1994), Paris, Seuil, 1997.

Bagliani. Agostino Paravicini, 《The Corpse in the Middle Ages: the Problem of the Division of the Body》 in Linehan. Peter and Nelson, Janet L, *The Medieval World*, London-New York, Routledge, 2003.

Bakhtine, Mikhaïl, *L'Œuvre de François Rabelais et la culture populaire au Moyen Âge et sous la Renaissance,* Paris, Gallimard, 1970.

Baldwin, John W., *Les Langages de l'amour dans la France de Philippe Auguste*, (1994), Paris, 1997.

Barthes. Roland, 《Michelet》(1954), dans *Œuvres complétes*, édition établie et présentée par Éric Marty, Seuil, 1993.

Baschet, Jérôme, *Les justices de l'au-delà. Les Représentations de l'enfer en France et en Italie (XIIe-XVe siècle)*, Rome, Ecole française de Rome, 1993.

Baschet Jérôme, *Le Sein du père. Abraham et la paternité dans l'Occident médiéval*, Paris, Gallimard, 2000.

Baxandall Michael, *L'Œil du Quattrocento. L'Usage de la peinture dans l'Italie de la Renaissance* (1972), Paris, Gallimard, 1985.

Bériac, Françoise, *Histoire des lépreux au Moyen Âge, une société d'exclus*, Paris, Imago, 1988.

Berlioz, Jacques, *Catastrophes et calamités au Moyen Âge*, Florence, Edizioni del Galluzzo (coll. ⟨Micrologus Studies⟩, 1), 1998.

Biraben, Jean-Noël, *Les Hommes et la peste en France et dans les pays européens et méditerranéens*, 2 vol., Paris et La Haye, Mouton, 1975-1976.

Bloch, Marc, *Les Rois thaumaturges. Étude sur le caractère surnaturel attribué à la puissance royale particulièrement en France et en Angleterre* (1924), Paris, Armand Colin, 1961, rééd. avec une préface de Jacques Le Goff, Paris, Gallimard, 1983.

Bloch, Marc, *La Société féodale*. (1939), Paris, Albin Michel, 1994.

Bloch, Marc, *Apologie pour l'histoire ou Métier d'historien* (1949), préface de Jacques Le Goff, Paris, Armand Colin, 1993 et 1997.

Boisseul, Daniel, *Le Thermalisme en Toscane à la fin du Moyen Âge. Les bans du territoire siennes du XIIIe au XVIIe siècle* Collection de l'Ecole Française de Rome, No.296, Rome, Ecole Française de Rome, 2002.

Boswell John, *Christianism, tolérance sociale et homosexualité. Les homosexuels en Europe occidentale du début de l'ère chrétienne au XIVe siècle*, (1980), Paris, Gallimard, 1985.

Boureau, Alain, *Le Simple Corps du roi*, Paris, Les Éditions de Paris,

1988.

Braunstein, Philippe, 《Dal bagno pubblico alla cura corporale private: tracce per una storia sociale dell'intimo》 in *Ricerche storiste* No.16-3, 1986.

Brown, Peter, *Le Culte des saints. Son essor et sa fonction dans la chrétienté latine*(1981), Paris, Gallimard, 1984.

Brown, Peter, *Le Renoncement à la chair. Virginité, célibat et continence dans le christianisme primitif,* (1988), Paris, Gallimard, 1995.

Bruna, Denis, *Piercing. Sur les traces d'une infamie médiévale*, Paris, Textuel, 2001.

Brundage, James, 《Sin, Crime, and the Pleasures of the Flesh: the Medieval Church Judges Sexual Offences》 in Linehan, Peter and Nelson, Janet L, *The Medieval World*, London-New York, Routledge, 2003.

Bynum, Caroline W., *Jeûnes et festins sacrés. Les Femmes et la nourriture dans la spiritualité médiévale,* (1987), Paris, Le Cerf, 1999.

Bynum, Caroline W., *Fragmentation and Redemption: Essays on Gender and the Human Body in Medieval Religion*, New York, Zone Books, 1991.

Bynum, Caroline, *The Resurrection of the Body in Western Christianity (200-1336)*, New York, Columbia University Press, 1999,

Camille, Michael, *Images dans les marges. Aux limites de l'art médiéval*, Paris, Gallimard, 1997 (1992),

Camporesi, Piero, *La Chair impassible*, 1983, Paris, Flammarion, 1986.

Casagrande, Carla et Vecchio, Silvana (éd.), *Anima e corpo nella cultura, medievale*(Convegno di Venezia), Florence, Edizioni del Galluzzo, 1999.

Corvisier, André, *Les Danses macabres*, Paris, PUF, 1998.

D'Alverny, Marie-Thérèse, 《L'Homme comme symbole: le microcosme》 in *Simboli e simbologia nell'alto medioevo*, Spolète, 1976.

Dalarun, Jacques (dir.), *Le Moyen Âge en lumière. Manuscrits enluminés des bibliothèques de, France*, Paris, Fayard, 2002.

De Baecque. Antoine, *Le Corps de l'histoire. Métaphore et politique (1770-1800)*, Paris, Calmann-Levy, 1993.

De la Croix, Arnaud, *L'Erotisme au Moyen Âge*, Paris, Tallandier, 1999.

Delumeau, Jean, *La Peur en Occident. XIVe-XVIIe siècles*, Paris, Fayard, 1978.

Delumeau, Jean, *Le Péché et la peur. La Culpabilisation en Occident. XIII-XVIIIe siècle*, Paris,, Fayard, 1983.

Delumeau, Jean et Roche, Daniel, *Histoire des péres et de la. paternité*, Paris, Larousse, 1990.

Delumeau, Jean, *Une Histoire du paradis*, Paris, Fayard, 1992, t. I: *Le Jardin des délices*, t. II: *Mill ans de bonheur*.

Duby, Georges et Perrot, Michelle (dir.), *Histoire des femmes en Occident*, 5 vol., Paris, Plon, 1990.

Duby, Georges, *Féodalité*, Paris, Gallimard, 1996.

Duby, Georges, *L'Art et la société. Moyen Âge. xxe siècle*, Paris, Gallimard, 2002.

Duby, Georges, *Qu'est-ce que la société féodale?* Paris, Flammarion, 2002.

Duerr, Hans Peter, *Les Soins de beauté. Moyen Âge, début des temps modernes*, Nice, 1987.

Duerr, Hans Peter, *Nudité et pudeur. Le mythe du processus de civilisation*, Paris, EHESS, 1998.

Duerr, Hans Peter, 《Le Nu et le vêtu au Moyen Âge》 in *Sénéfiance* No.47, Aix-en-Provence, CUERMA, 2001.

Eco, Umberto, *Art et beauté dans l'esthétique médiévale*, Paris, Grasset, 1997.

Elias, Norbert, *La Civilisation des mœurs*, traduction française du premier tome de *Über den Prozess der Zivilisation* (1939), Calmann-Lévy, 1973, Pocket, 1976

Elias, Norbert, *La Dynamique de l'Occident*, traduction française du second tome de *Über den Process der Zivilisation* (1939), Calmann-Lévy, 1975, Pocket, 1990.

Elias, Norbert, *La Société de cour* (1969), Paris, Calmann-Lévy, 1974, rééd. Flammarion, coll. 《Champs》 1985.

Elias, Norbert, *La Solitude des mourants* (1982), Paris, Christian Bourgois, 1987.

Elias, Norbert et Dunning, Éric, *Sport et civilisation. La violence maîtrisée*, Paris, Fayard, 1994.

Fawet-Saada Jeanne, *Corps pour corps. Enquête sur la sorcellerie dans le bocage*, (avec Josée Contreras), Paris, Gallimard, 1981.

Favret-Saada. Jeanne, *Les Mots, la mort, les sorts*, Paris, Gallimard, 1977.

Feher, Michel, *Fragments for an History of the Human Body*, 3 vol., New York, Urzone, 1989. Voir en particulier les articles de Caroline Bynum, 《The Female Body and Religious Practice in the Later Middle Ages》; Françoise Hériter-Augé, 《Semen and Blood: Some Ancient Theories Concerning their Genesis and Relationship》; Jacques Le Goff, 《Head or Heart? The Political Use of Body Metaphors in the Middle Ages》; Jean-Claude Schmitt, 《The Ethics of Gesture》.

Flandrin, Jean-Louis, *Le Sexe et l'Occident, évolution des attitudes et des comportements*, Paris, Seuil, 1981.

Flandrin, Jean-Louis, *Un Temps pour enbrasser. Aux origines de la morale sexuelle occidental, VIe-XIe siècle*, Paris, Seuil, 1983.

Flandrin, Jean-Louis, *Chronique de Platine. Pour une gastronomie his-

torique, Paris, Odile Jacob, 1992.
Flandrin, Jean-Louis et Montanari, Massimo, *Histoire de l'alimentation*, Paris, Fayard, 1996.
Flandrin, Jean-Louis et Cobbi Jane (dir.) *Tables d'hier, table d'ailleurs*, Paris, Odile Jacob, 1999.
Foucault, Michel, *Histoire de la folie a l'âge classique*, Paris, Plon, 1961.
Foucault, Michel, *Surveiller et punir*, Paris, Gallimard, 1975.
Foucault, Michel, *Histoire de la sexualité*, tome I *La Volonté de savoir* (1976), tome II *L'Usage des plaisirs* et tome III *Le Souci de soi*, Paris, Gallimard, 1984.
Frugoni, Chiara, *Francesco e l'invenzione delle stimulate. Una storia per parole e inmaginifino a Bonaventura e Giotto*, Turin, Einaudi, 1993.
Fumagalli, Vito, *Solitudo Carnis. Vicende del corpo nel medioevo*, Bologne, Il Mulino, 1990.
Gauvard, Claude, Libera, Alain de, et Zink, Michel (dir.), *Dictionnaire du Moyen Âge*, Paris, PUF, 2002.
Gélis, Jacques et Redon, Odile, *Les Miracles, miroirs des corps*, Saint-Denis, Publications de l'Université de Paris VIII, 1983.
Gil, *José, Métamorphoses du corps*, Paris, La Différence, 1985.
Godelier Maurice et Michel Panoff (dir.), *La Production du corps. Approches anthropologiques et hisloriques*, Amsterdam, Éditions des archives contemporaines, 1998, notamment, ⟨le corps en chrétienté⟩.
Goodich, Michael E., *The Unmentionnable Vice: Homosexuality in the Later Medieval Period*, Santa Barbara, Dorset Press, 1979.
Goody, Jack, *L'Évolution de la famille et du manage en Europe* (1983), Paris, Armand Colin, 1985, préface de Georges Duby.
Grmek, Mirko D. (dir.), *Histoire de la pensée médicale en Occident*. Tome I: *Antiquité et Moyen Âge*, Paris, Seuil, 1995.

Huizinga, Johan, *L'Automne du Moyen Âge*, Paris, Payot, 1980, précédé d'un entretien de Jacques Le Goff, rééd. coll. «Petite bibliothèque Payot» 2002.

Imbault-Huart, Marie-José, *La Médicine au Moyen Âge à travers les manuscrits de la Bibliothèque nationale*, Paris, Éditions de la Porte verte/Bibliothèque nationale, 1983.

Imbault, Jean, *Les Hôpitaux en droit canonique*, Paris, Vrin, 1947.

Jacquart, Danielle et Nicoud, Marilyn «Les reformes de santé au xn XIIIe siècle» in Guichard, Pierre et Alexandre-Bidon, Danielle (dir.), *Comprendre le XIIIe siècle. Études offertes a Marie-Thérèse Lorcin*, Lyon, Presse Universitaires de Lyon, 1995.

Jacquart, Danielle et Micheau, François, *La Médecine arabe et l'Ocddent médiéval*, Paris, Maisonneuve et Larose, 1996.

Jacquart, Danielle, et Thomasset, Claude, *Sexualité et savoir médical au Moyen Âge*, Paris, PUF, 1985.

Jones, Ernst, *Le Cauchemar*, Payot, Paris, 1973.

Jordan, Mark D., *The Invention of Sodomy in Christian Theology*, Chicago, University of Chicago Press, 1997.

Kantorowicz, Ernst, *Les deux corps du roi*, (1957), Paris, Gallimard, 1989; repris dans la coll. «Quarto» avec un commentaire d'Alain Boureau, 2002.

Kappler, Claude-Claire, *Monstres, démons et merveilles à la fin du Moyen Âge*, Paris, Payot, 1999.

Karras, Ruth Mazo, «Sexuality in the Middle Ages» in Linehan, Peter and Nelson, Janet L, *The Medieval World*, London-New York, Routledge, 2003.

Laqueur, Thomas, *La Fabrique du sexe. Essai sur le corps et le genre en Occident*, Paris, Gallimard, 1992.

Laurioux, Bruno, *Manger au Moyen Âge*, Paris, Hachette Littératures, 2002.

Le Breton, David, *Anthropolagie du corps et modernité*, Paris, PUF, 1990.

Le Goff, Jacques, *Les Intellectuels au Mayen Âge*, Seuil, Paris, 1957, rééd. coll. 《Points》 1985.

Le Goff, Jacques, *La Naissance du purgatoire*, Paris, Galliinard, 1981, rééd. coll. 《Folio》, 1991.

Le Golf, Jacques, 《Corps et ideologie dans l'Occident médiéval》 et 《le refus du plaisir》 rééd. dans *L'Imaginam médiéval*, Paris, Galliinard, 1985.

Le Goff, Jacques (dir.), *L'Homme médiéval*, Paris, Seuil, 1989, rééd.1994.

Le Goff, Jacques, *Saint Louis*, Paris, Gallimard, coll. 《Bibliotheque des histoires》 1996.

Le Goff, Jacques, *Saint François d'Assise*, Gallimard, coll. 《Bibliothèque des histoires》 Paris, 1999.

Le Goff, Jacques, *Un autre Moyen Âge*, Paris, Gallimard, coll. 《Quarto》 1999.

Le Goff, Jacques et Schmitt, Jean-Claude (dir.), *Dictionnaire raisonné de l'Ocddent médiéval*, Paris, Fayard, 1999.

Le Goff, Jacques, *Un Moyen Âge en images*, Paris, Hazan, 2000.

Le Goff, Jacques, Palazzo, Éric, Bonne, Jean-Claude et Colette, Marie-Noëlle, *Le Sacre royal à l'époque de Saint Louis*, Paris, Gallimard, 2001.

Le Roy Ladurie, Emmanuel, *Montaillou, village occitan de 1294 à 1324*, Paris, Gallimard, 1975 et 1982.

Le Roy Ladurie, Emmanuel, *Le Camaval de Ronwns*, Paris, Gallimard, 1979.

Lett, Didier, *L'Enfant des miracles. Enfance et société au Moyen Âge (XIIe-

XIIe siècles), Paris, Aubier, 1997.

Lewis, Andrew W., *Le Sang royal: la famille capétienne et l'État, France X^e-XIVe siècles*, 1981; trad. française: Paris, Gallimard, 1986.

Lorcin, Marie-Thérèse, 《Le Corps a ses raisons dans les fabliaux. Corps masculin, corps féminin, corps de vilain》 in *Le Moyen Âge* No.3-4, 1984.

Lubac, Henri de, *Corpus mysticum. L'eucharistie et l'Église au Moyen Âge*, Paris, Aubier, 1944.

Martin, Hervé, 《Le corps》, in *Mentalités médiévales II. Représentations collectives du XIe et XVe siècle*, Paris, PUF, 2001 et, notamment, 《Les mentalités au négatif (XIIe-XVe siècle)》 in *Mentalités médiévales I*, Paris, PUF, 1996.

Mauss, Marcel, 《Les techniques du corps》(1934). *Journal de psychologic*, XXXII, No.3-4 (1936), in *Sociologie et anthropologie*, Paris, PUF, 1950, rééd. coll.《Quadrige》, 2001.

Mehl, Jean-Michel, *Les Jeux au royaume de France du XIIIe au début du XVIe siècle*, Paris, Fayard, 1990.

Merdrignac, Bernard, *Le Sport au Moyen Âge*, Presse Universitaires de Rennes, 2002.

Michelet, Jules, *Œuvres complètes*, sous la direction de Paul Viallaneix, Paris, Flammarion, 1971.

Minois, Georges, *Histoire de la vieillesse. De l'Antiquité à la Renaissance*, Paris, Fayard, 1987.

Montanari, Massimo, article 《Alimentation》 in Le Goff J. et Schmitt, J.-C., *Dictionnaire raisonné de l'Occident médiéval*, Paris, Fayard, 1999.

Montanari, Massimo, *La Faim et l'abondance. Histoire de l'alimentation en Europé*, Paris, Seuil, 1995.

Morreall, J., *Taking Laughter Seriously*, Albany, State University of New

York, 1983.
Muchembled, Robert, *Une Histoire du diable(XIIe-XXe siécle)*, Paris, Seuil, 2000.
Nagy, Piroska, *Le Don des lames au Moyen Âge*, Paris, Albin Michel, 2000.
Nelli, René, *L'Érotique des troubadours*, Toulouse, Privat, 1984 (I^e éd. 1963).
Opsomer, Carmélia, *L'Art de vivre en santé. Images et recettes du Moyen Âge*, s.l., Éditions du Perron, 1991.
Panofsky, Erwin, *Architecture gothique et pensée scolastique*, traduction et postface de Pierre Bourdieu, Paris, Minuit, 1967.
Paul, Jean-Jacques, 《Sur quelques textes concernant le son et l'audition》 dans *Du Monde et des hommes. Essais sur la perception médiévale*, Publications de l'université de Provence, 2003.
Payer, Pierre J., *Sex and the Penitentials: the development of a sexual code, 550-1150*, Toronto, University of Toronto Press, 1993.
Piponnier, Françoise et Mane, Perrine, *Se Vêtir au Moyen Âge*, Paris, Adam Biro, 1995.
Piponnier, Françoise, article 《Costume》 in Gauvard, Claude, de Libera, Alain et Zink, Michel, *Dictionnaire du Moyen Âge*, Paris, PUF, 2002.
Poly, Jean-Pierre, *Le Chemin des amours barbares. Genèse médiévale de la sexualité européenne*, Paris, Perrin, 2003.
Pouchelle, Marie-Christine, *Corps et chirurgie à l'apogée du Moyen Âge. Savoir et inaginaire du corps chez Henri de Mondeville, chirurgien de Philippe Le Bel*, Paris, Flammarion, 1983.
Ramòn, Pedro Pitarch, Baschet, Jérôme et Ruz, Mario Humberto, *Encuentros de almas y cuerpos, entre Europa medieval y mundo mesoamericano*, Universidad Autonoma de Chiapas, 1999.

Recht, Roland, *Le Croire et le voir. L'Art des cathédrales (XIIe-XVe siécle)*, Paris, Gallimard, 1999.

Revel, Jacques et Peter, Jean-Pierre, 《Le corps. L'homme malade et son histoire》 in *Faire de l'histoire III*, Jacques Le Goff et Pierre Nora (dir.), *Nouveaux objets*, Paris, Gallimard, 1974.

Ribémont, Bernard (éd.), *Le Corps et ses énigmes au Moyen Âge*, Caen, Paradigme, 1993.

Rossiaud, Jacques, *La Prostitution médiévale*, rééd. Paris, Flammarion, 1990.

Rousselle, Aline, *Porneai. De la maîtrise du corps à la privation sensorielle. IIe-V^e siécles de l'ére chrétienne*, Paris, PUF, 1983.

Roy, Bruno (dir.), *L'Érotisme au Moyen Âge*, Montreal, Éditions de l'Aurore, 1977.

Schlanger, Judith, *Les Métaphores de l'organisme*, Paris, Vrin, 1971.

Schmitt, Jean-Claude, *La Raison des gestes dans l'Occident médiéval*, Paris, Gallimard, 1990.

Schmitt, Jean-Claude, *Les Revenants. Les Vivant et les morts dans la société médiévale*, Paris, Gallimard, 1994.

Schmitt, Jean-Claude, article 《Corps et âme》 in Le Goff J. et Schmitt, J.-C., *Dictionnaire raisonné de l'Occident médiéval*, Paris, Fayard, 1999.

Schmitt, Jean-Claude, *Le Corps, les rites, les rêves, le temps. Essais d'anthropologie médiévale*, Paris, Gallimard, 2001.

Schmitt, Jean-Claude, *Le dorps, les rêves, le temps*, Paris, Gallimard, 2001.

Schmitt, Jean-Claude, *La Conversion d'Hermann le Juif. Autolnographie, histoire et fiction*. Seuil, 2003.

Sennett, Richard, (traduit de l'anglais 2001), *La Chair et la pierre: le corps et la ville dans la civilisation occidentals*, Paris, Les Éditions de la

Passion, 2002.

Siraisi, Nancy G., *Medieval and Early Renaissance Medicine, an Introduction to Knowledge and Practice*, Chicago, The University of Chicago Press, 1990.

Solère, Jean-Luc, article《Corporéité》in Claude Gauvard, Alain de Libera, Michel Zink, *Dictionnam du Moyen Âge*, Paris, PUF, 2002.

Spinoza, Ethique, traduction et notes de Charles Appuhn, Flammarion, coll.《GF》1965.

Spinoza, *Traité théologico-polilique*, traduction et notes de Charles Appuhn, Paris, Flammarion, coll.《GF》1965.

Stahl, Paul-Henri, *Histmre de la décapitation*, Paris, PUF, 1986.

Touati, François-Olivier et Bériou, Nicole, 《*Voluntate dei leprosus*》, *Les Lépreux entre exclusion et conversion aux XIIe et XIIIe siècles*, Spolete, 1991.

Touati, François-Olivier, *Maladie et société au Moyen Âge. La lèpre, les lépreux et les léprosmes dans la province ecclésiastique de Sens jusqu'au milieu du XIVe siècle*, Bruxelles, De Boeck Université, 1998.

Vaneigem, Raoul, *La Résistance au christianisme*, Paris, Fayard, 1993.

Vaneigem, Raoul, *Les Hérésies*, Paris, PUF, 1994 et 1997.

Vauchez, André (dir.), *Dictionnaire enryclopédique du Moyen Âge*, Paris, Cerf, 1997.

Veyne, Paul, 《La famille et l'amour sous le Haut-Empire romain》in *Annales E.S.C.*, Paris, 1978.

찾아보기

|ㄱ|

가니메데스 Ganymède　127
갈레누스 Galien　122, 144, 148~151
귀네비어 Guenièvre　125
그라티아누스 Gratien　54
그레고리우스 1세 Grégoire I" le Grand, (pape)　12, 43
그레고리우스 7세 Grégoire VII, (Hildebrand), (pape)　52
길레스 드 코르베이 Gilles de Corbeil　148
길롬 Guillaume, (moine)　140

|ㄴ|

노장, 길버트 드 Nogent, Guibert de　111

|ㄷ|

다고베르트 1세 Dagobert 1　79
다미앙, 피에르 Damien, Pierre　94
단테, 알레기에리 Dante, Alighieri　121, 169, 235
데모크리토스 Démocrite　103
뒤러, 알브레히트 Durer, Albrecht　113
드니 Denis, (saint)　79
디드로, 드니 Diderot, Denis　35
디오게네스 Diogene　104

| ㄹ |

라 퐁테엔느, 장 드 La Fontaine, Jean de　213
라그랑주 Lagrange, (cardinal)　166
라블레, 프랑수아 Rabelais, François　78, 102, 230
라에티오 디오게네스 Laërce, Diogene　122
랑스페르주, 장 Lansperge, Jean　209
랜슬럿 Lancelot du Lac　125, 129, 187
로리스, 길롬므 드 Lorris, Guillaume de　111
롱바르, 피에르 드 Lombard, Pierre de　56
루이 14세 Louis XIV　10
루이 9세 Louis IX, (dit Saint Louis)　14, 47, 57, 86, 89~90, 96, 102, 140, 209
루터, 마틴 Luther, Martin　30
뤼트뵈프 Rutebeuf　87, 213
뤼팽 Rufin　54
르네 René I le Bon, (roi)　208
리트레, 막시밀리앙 Littré, Maximilien　10
릴, 알랭 드 Lille, Alain de　207

| ㅁ |

마르셀 드 샬롱 Marcel de Chalon, (saint)　79
마르셀 Marcel, (saint)　78~81
마르쿠스 아우렐리우스 Marc Aurele　59~60
마르탱 Martin, (saint)　108
마리 Oignies, Marie d'　111
마태 Matthieu, (saint)　167, 189
막센티우스 Maxence, (empereur remain)　79, 108
매크로브 Macrobe　104
메네니우스 아그리파 Menenius Agrippa　207

몰리에르 Molière, (Jean-Baptiste Poquelin, dit)　148
몽드빌, 앙리 드 Mondeville, Henri de　150~151, 223~224
묑, 장 드 Meung, Jean de　111

| ㅂ |

바실 Basile, (saint)　99
바울 Paul, (saint)　43, 62~63, 71, 210, 212, 215
발터 Walter, (수도사)　95
베네딕트 Benoît, (saint)　84, 93, 98, 100, 212
베르길리우스 Virgile　103~104
베르나르 드 클레르보 Bernard de Clairvaux, (saint)　196, 208
베르나르도 마네티, 필리포 디 Bernardo Manetti, Filippo di　131
베이컨, 로저 Bacon, Roger　149
벨카리, 페오 Belcari, Feo　231
보나벤투라 Bonaventure (saint)　13
보니파키우스 8세 Boniface VIII, (pape)　156, 220
보리외, 제프로이 드 Beaulieu, Goeffroy de　90
볼라진, 자크 드 Voragine, Jacques de　165
브뤼겔, 피터 Bruegel, Pieter　44, 75
브알로, 에티엔느 Boileau, Étienne　83
블랑슈 드 카스틸르 Blanche de Castille　135
비트리에르, 장 Vitrier, Jean　209
빌롱, 프랑수아 Villon, François　189, 232
빙겐, 힐데가르트 드 Bingen, Hildegarde de　66, 110, 206

| ㅅ |

생-빅토르, 위기 Saint-Victor, Hugues de   55, 206

생-에메랑 Saint-Emmeran, Otioh de   111

샤를르 7세 Charles VII   225

샤를마뉴 Charlemagne   108

성 프란체스코 François d'Assise, (saint)   14, 71, 85, 96, 146, 186, 226, 230

세베르, 쉴피스 Sévère, Sulpice   108

셀로 Serlo   165

셰익스피어, 윌리엄 Shakespeare, William   165

소라누스 Soranus   33

솔즈베리, 존 드 Salisbury, Jean de   217~218

숄리악, 기이 Chauliac, Guy de   150

스팔벡, 엘리자베스 Spalbeck, Élisabeth de   71

스폴레트 Spolète, (due) de   180

스피노자, 바뤼흐 Spinoza, Baruch   35, 65, 75

실베스트르, 베르나르 Silvestre, Bernard   206

| ㅇ |

아를르캥, 메스니 Hellequin, mesnie   163

아리스토텔레스 Aristote   22, 44, 67~69, 97, 104, 121, 210, 222

아베로에스 Averroès   111

아벨라르, 피에르 Abélard, Pierre   52, 122, 126

아벨레이드 드 바스 Adélard de Bath   146

아봉드 부인 Dame Abonde   112

아우구스티누스 Augustine, (saint)   33, 61, 64~67, 107, 111, 123, 159, 210~211, 222, 226

안토니우스 Antoine, (saint)   91, 107

알베르투스 마그누스 Albert le Grand   101, 122, 227

알크마이온 드 크로톤 Alcméon de Crotone   143~144

암브로시우스 Ambroise, (saint)   66

앙리 4세 Henri IV   225

앙리 드 나바르 Henri de Navarre, (앙리 4세를 보라)

앙리 드 로잔 Henri de Lausanne   140

에볼리, 피에트로 Eboli, Pietro d'   191

엘루아즈 Héloïse   52, 126

엘리 Elie   146

오비뉴에, 아그리파 Aubigné, Agrippa d'   118

요한 크리소스토무스 Jean Chrysostome, (saint)   66

요한 Jean, (saint)   62

우르바노스 6세 Urbain VI   150

움베르 등 무아이앙무티에르 Humbert de Moyenmoutier   216

웨베르 드 로망 Hubert de Romans   147

율리아누스 에크반느 D'Ecbane, Julien   33

이노센트 6세 Innocent VI, (Sinibaldo Fieschi)   150

이사벨르 Isabelle,(nlledelouisIX)   209

이솝 Esope   213

이시도르 드 세빌 Isidore de Seville   123, 144, 211, 223

이졸데 Iseult   125

잉에보리 Ingeburge, (reine)   57

| ㅈ |

조르주 Georges, (saint)   80, 197

조앵빌, 장 드 Joinville,Jean de   102

| ㅊ |

창세기 Origène   44

| ㅋ |

카트린느 드 시엔느 Catherine de Sienne, (sainte)   71
칸트, 임마누엘 Kant, Emmanuel   56
켈수스 Celsus   122
콘스탄티누스 대제 Constantin I" le Grand   108
콜롱방 Colomban, (saint)   100
크레티앙 드 트로이 Chretien de Troyes   186
클레멘스 6세 Clément VI, (pape)   150
클레멘트 알렉산드리아 Clément d'Alexandrie   97

| ㅋ |

키케로 Ciceron   61, 104

| ㅌ |

테레베르메이으, 장 드 Terrevermeille, Jean de   224
테오도시우스 Théodose le Grand   108
테툴리아누스 Tertullien   105
토마스 아퀴나스 Thomas d'Aquin, (saint)   13, 22, 61, 68, 70, 93, 100, 133
토시뇨, 피에트로 다 Tossigno, Pietro da   138
트라이야누스 Trajan, (empereur)   218
트리스탄 Tristan   215
티투스 리비우스 Tite-Live   207, 214

| ㅍ |

파스칼 르 로맹 Pascal le Romain   110
페레올 뒤제 Ferréol d'Uzes, (saint)   100
페캉프, 장 Fécamp, Jean de   94
폴리베 Polybe   143

폴튀나, 브낭스 Fortunat, Venance　78~79
푸쉐 드 샤르트르 Foucher de Chartres　124
풀베르 드 샤르트르 Fulbert de Chartres　126
플라톤 Platon　35, 45, 97, 103, 205
플루타르크 Plutarque　218
피오르, 요하킴 Fiore, Joachim de　72
피타고라스 Pythagore　103, 122
필립 2세 Philippe II Auguste　57
필립 3세 Philippe III　209
필립 4세 Philippe IV le Bel　211, 220, 223

| ㅎ |

헤름브레히트 Helmbrech　112
헤리데 드 란트베르크 Landsberg, Herade de　206
헨리 2세 Henri II d'Angleterre　102
헬프타, 제르트뤼드 Helfta, Gertrude d'　209
호노리우스 아우구스토두네시스 Honorius Augustodunensis　206
호메로스 Homère　103
홉스, 토마스 Hobbes, Thomas　205
히에로니무스 Jerome, (saint)　61, 66, 71, 121, 222
히포크라테스 Hippocrate　122, 142

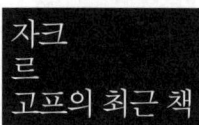

L 'Europe est-elle née, au Moyen Âge ?, Paris, Seuil, 2003.
Le Dieu du Moyen Âge, Paris, Bayard, 2003.
Â la recherche du Moyen Âge, Paris, Louis Audibert, 2003.
Cinq personnages d'hier pour aujourd'hui: Bouddha, Aélard, saint François, Michelet, Bloch, Paris, La Fabrique, 2001.
Marchands et banquiers au Moyen Âge, Paris, Presses Universitaires de France, 2001.
Un Moyen Âge en images, Paris, Hazan, 2000.

중세 몸의 역사

초판 1쇄 발행일 2009년 12월 15일

지은이 | 자크 르 고프·니콜라스 트뤼옹
옮긴이 | 채계병
펴낸곳 | 이카루스미디어

출판등록 제8-386호 2002년 12월 10일
136-110 서울특별시 성북구 길음동 1280번지 길음뉴타운 225-103
전화 : (070)7587-7611 팩시밀리 : (02)303-7611
E-mail : icarusmedia@naver.com

ⓒ 2009 이카루스미디어

ISBN 978-89-94183-00-8 03920
값은 뒤표지에 있습니다. 잘못된 책은 구입하신 곳에서 바꿔드립니다.